여가 진도여 1

일러두기

맞춤법 표기는 국립국어원 〈표준국어대사전〉을 따랐습니다. 다만 작가의 의도가 담긴 일부 표현, 방언, 속어, 대화체의 옛 표기 등은 그대로 살렸습니다.

한글 맞춤법에 따르면 '진돗개'가 맞습니다. 그러나 진도군에서는 진도 고유의 품종이란 뜻을 살려 '진도개'로 부르고 있습니다. 이 책에서는 '진도개'를 고유명사로서 인정하고 '진돗개'와 '진도개' 두 가지로 표기를 하였습니다.

진도군 '제1회 진도바닷길소망' 공모전 수상작품집

여가 진도여 1

편집부 엮음

진도군 '제1회 진도바닷길소망' 공모전 수상작품집

발간사	• 8

대상
이민영(서울) _ 동백꽃처럼 피어난 기적과 소망의 향연	• 14

최우수상
김태선(포항) _ 미소 짓는 진도 바닷길	• 25

우수상
진연정(대전) _ 시간아, 멈추어다오!	• 29
오수연(세종) _ 선생님은 항상 너의 행복을 바라	• 34
김민서(서울) _ 나머지 2%의 재료	• 42

장려상
박지현(공주) _ 바라기만 하면 기적이라고 불러도 될까	• 47
신상진(서울) _ 생명이라는 희망을 꿈꾸며	• 51
유영미(안산) _ 진도 바닷길은 다 계획이 있구나!	• 57
이광호(인천) _ 날지도 못하면서 왜 날갯짓을 하니	• 62

수상작

박영숙(화성) _ 신중년의 꿈　　　　　　　　　　　　• 73
김태린(인천) _ 가르친다는 것은 희망을 노래하는 것　• 77
박시은(대전) _ 결혼이라는 기적　　　　　　　　　　• 83
이동원(진도) _ 진도군 지산면 해태바위　　　　　　• 88
양영선(안양) _ 영 시니어에 피는 꿈 강사　　　　　• 92
유수빈(진도) _ 내가 만들어가는 기적　　　　　　　• 96
이병열(서울) _ 동행　　　　　　　　　　　　　　　• 102
임다혜(안산) _ 마음먹기에 따라 운명이 좌우된다　• 106
최형만(순천) _ 내가 걸어가는 문학의 바닷길　　　• 111
김둘(대구) _ 진도대교 위에 석양이 질 때　　　　　• 116

김병찬(청도) _ 사(死)의 현장에서　　　　　　　　• 123
목명균(김포) _ 흙과 함께 살리라　　　　　　　　• 127
민병식(안양) _ 소망을 꿈꾸는 내일　　　　　　　• 133
박경태(무안) _ 고백　　　　　　　　　　　　　　• 139
선기찬(영천) _ 벚꽃이 피면 만나러 갑니다　　　　• 143
이윤서(인천) _ 행복한 꿈　　　　　　　　　　　　• 147
엄희경(고양) _ 크리스마스에 당신이 오기를　　　• 153

우순화(인천) _ 기적을 보여준 사랑하는 가족의 간절한 기도	• 160
정현우(진도) _ 언제나 저랑 함께해주세요	• 165
조채율(대구) _ 정식 작가가 되면	• 171
정유나(서울) _ 나의 작은 소망	• 176
박소현(군포) _ 특별한 말, 늘 응원해!	• 181
이연숙(진도) _ 엄마 힘내, 엄마는 할 수 있어	• 184
김경태(안성) _ 나의 소망 1호 제주도 여행	• 188
이효재(인천) _ 코로나가 끝나기를 바라며	• 193
이정미(부산) _ 아직은 서툰 어른	• 199
이종수 (서울) _ 나의 소망은 안전한 나라 만들기	• 202
이태희(진천) _ 기적 그리고 소망	• 207
장순혁(제천) _ 그날의 바다를 잊지 않기 위해	• 213
정영진(서울) _ 부모님 별세 선물, 진도 신비의 바닷길 체험	• 217
정재훈(수원) _ 바다, 꿈, 그리고 희망	• 222
정희원(서울) _ 소망	• 227
조하민(대전) _ 작지만 강렬했던 추억들	• 233
현정현(영천) _ 일상의 소중함	• 237

이종호(진도) _ 진도개테마파크 소망바위 • 241
김미정(목포) _ 장애인 부부의 기도와 소망 • 244
마준오(원주) _ 소망 • 247
전병태(대구) _ 두 손 잡고 • 249
권소희(부산) _ 저마다의 소원을 담아 • 250
김근혁(부산) _ 아이의 행복을 기원하며 • 253

김용규(양평) _ 한 해 마을의 평안을 기원하며 • 255
김정애(부산) _ 어머니의 간절한 기도 • 257
박준우(울산) _ 몽환 속으로의 여행 • 259
박창현(부산) _ 대보름날의 농가 풍경 • 261
이치봉(광주) _ 진도 봄동 밭에서 • 263
장광재(부산) _ 소원지에 소망을 담으며 • 265
전온경(대구) _ 김광석 거리의 풍경 • 267
차선자(용인) _ 언약 • 269
최태희(하남) _ 넋의 참배와 소망 • 271

심사의 글 • 272

발간사

　우리 진도군은 꿈과 낭만이 있는 예술의 고장으로 '제43회 진도 신비의 바닷길 축제'가 올해 4월 20일부터 22일까지 3일간 소망의 땅 진도에서 개최됩니다. 축제의 성공 개최를 위해 지난 한 달간 「제1회 진도바닷길소망 포토에세이 전국 공모전」을 열었는데 많은 분들이 참여해주셔서 진심으로 감사드립니다.

　해마다 국내외 많은 분들이 '진도 신비의 바닷길'을 보기 위해 진도를 찾는 것은 자연이 빚어내는 기적을 체험하고 간절한 마음을 담아 그 감동의 순간을 삶의 에너지로 삼으려는 것입니다. 소망과 행복을 응원해준 진도를 기억하며 삶의 에너지를 얻고 싶을 때마다 진도를 언제든 방문해주시면 여러분을 아낌없이 환영하겠습니다.

　진도 신비의 바닷길 축제는 우리 전통과 혼을 담아 찬란하게 빛나는 진도의 무형문화유산을 즐기는 축제입니다. 세계적 명견 진도개의 용맹함과 만나고, 붓끝으로 쓰는 가훈에 가족의 안녕을 담고, 뽕할머니와 함께 소망이 이루어지기를 간절히 염원해보는, 대한민국을 대표하는 명예문화관광축제입니다.

진도에서 모도까지 2㎞, 바닷길이 열리는 현대판 모세의 기적 속으로 걸어들어가 현장에서 생생하게 자연의 신비를 느낄 수 있고 밤이 되면 해안도로를 따라 펼쳐지는 가상현실 같은 미디어아트 불빛 속을 거닐어보시면 어떨까요?

길었던 겨울의 끝, 봄의 시작을 만끽하고 보다 큰 감동과 즐거움을 누림은 물론 국민의 마음을 밝히고, 지구의 환경을 밝히는 축제입니다. 여러분! 아름답고 보배로운 진도에 꼭 오셔서 소망 이루시길 두 손 모아 기원합니다. 감사합니다.

2023. 4.

진도군수

명승 제9호 신비의 바닷길

진도닷길
바소망
공모전
2023

대상

이민영

3월, 빈 가지에 봄바람과 꽃향기가 가득해지고 행인들의 표정에도 활기와 웃음꽃이 만개했습니다. 수상의 영광을 많은 분들과 함께하고 싶은 오후입니다. 이 책 한 권이 겨울을 지나고 있는 어느 누군가의 마음을 녹여, 봄을 불어넣고 기적과 소망의 싹을 틔웠으면 합니다.
수상하신 모든 분들의 글이 빛나기를 바랍니다. 감사합니다.

동백꽃처럼 피어난 기적과
소망의 향연

이민영(서울)

　깃털 같은 마음, 싱그러운 풀 냄새, 한적한 분위기가 나를 사로잡는다. 이곳은 동백꽃이 피고 지는 바다 곁 마을, 여수시 우두리 상동이다. 차 문을 요란하게 닫고 입꼬리에 미소를 지으며 내리니 큰이모와 사촌들이 환하게 반긴다. 그날 나는 방학을 맞아 이모네 집에 놀러온 것이었다. 그런데 멀리서 보니 나를 반기는 것이 하나 더 있었다. 큰오빠의 품에 작고 하얀 무언가가 꼼지락거리며 꼬리를 세차게 흔들었다. 그것은 백동이라는 이름을 가진 하얗고 작은 진돗개였다. 그날 나는 처음 백동이를 본 것이었지만 작고 앙증맞은 게 애교가 많고 명랑해서 사춘기 소

녀의 마음을 금방 사로잡았다.

 백동이는 나름 진도에서 태어난 진또배기 진돗개였다. 이모는 "외국 개보다 훨씬 좋은 개여. 똑똑하고 야무지니께."라고 말했다. 그 후 큰 이모는 대문 앞에다가 백동이의 견사를 지어주었다. 백동이는 그곳에서 자리를 지키며 바람을 느끼고 계절에 따라

꽃이 피고 지는 것을 구경했다. 그리고 집에 오는 모든 사람들을 제일 먼저 알아차렸다.

여수시 우두리 상동에 들어가는 자락에는 큰 나무와 장승이 위엄있게 서 있다. 이 나무와 장승은 작은 어부마을에 들어오는 모든 복과 긍정적인 기운을 허락해주고 악의를 가진 기운과 해를 끼치는 사람들은 호되게 나무라는 마을의 영혼과 같은 존재였다. 백동이는 이 나무와 장승처럼 큰이모네 집을 의젓하게 지켜주었다. 사촌들의 지인이나 친구들은 누가 알려주지도 않았는데 꼬리를 흔들며 반겼고, 그들과 사이가 좋지 않은 이웃들에게는 으르렁거리며 우렁차게 짖어댔다.

그러던 어느 날이었다. 만취한 노인이 운전하는 트럭이 멀리서부터 이모네 집 담벼락으로 돌진해오고 있었다. 이모는 담벼락 근처의 밭에서 갓을 캐고 있었다. 그때 백동이는 트럭을 향해 맹렬하게 짖어대기 시작했다. 벼락이 치는 듯이 당당하고 무섭게 짖어댔다. 이모는 그제서야 깜짝 놀라며 트럭이 달려오고 있다는 것은 알아챘다. 이모는 가까스로 몸을 피했고 트럭은 그대로 담벼락을 들이받았다. 하마터면 인명사고가 날 뻔만 상황이었지만 기적적으로 목숨을 건진 것이었다.

이모는 당시를 회상하며 "큰일날 뻔했어. 백동이가 구해준 거나 다름없는 거여. 야가 외국 개보다 더 귀혀."이렇게 말했다. 이렇게 백동이는 큰이모네 집의 수호천사 같은 존재였고 가족들의 안위를 바라는 큰이모의 소망을 믿음직하게 들어주었다.

백동이는 사촌들과 희로애락을 함께하며 그들의 소망도 이루어주었다. 2016년, 사촌 오빠는 여러 차례 경찰 공무원 시험에서 낙방하여 의기소침해 있는 상태였다. 조금만 더 점수를 잘 받으면 될 것도 같은데, 그 문턱에서 아슬아슬하게 떨어졌다. 마지막이라는 심정으로 경찰공무원 시험을 봤을 때, 백동이는 새끼를 낳아 아비가 되었다. 그리고 오빠는 경찰

공무원 필기시험에 당당히 합격했다. 오빠가 필기시험에 합격하고 체력 시험을 준비할 때에는 이 기운을 받아 어디든지 백동이를 데리고 다녔다. 어느 때는 백동이와 함께 넓은 밭을 전력 질주를 하기도 했고 어느 때는 하동까지 내려가서 백동이에게 바다 구경을 시켜주었다. "그래도 어부네 집 개인데 태어나서 바다 구경은 해봐야지."라고 말하곤 했다. 결국 오빠는 긴 터널의 끝에서 밝은 햇살을 보았다. 경찰 공무원 시험에 최종 합격한 것이다.

한편, 백동이의 새끼들은 말캉하고 보들보들했다. 백동이의 새끼들은 사촌들의 친구들과 큰삼촌에게로 소중하게 분양되었다. 그중 큰삼촌에게로 분양된 짱구는, 결혼을 하지 않은 독신인 삼촌에게 든든한 벗이자 위로가 되는 아들 같은 존재가 되었다. 짱구는 큰삼촌 곁에서 자라며 행복을 전파해주는 비타민이 되었다. 이렇듯 백동이는 가족들의 소망을 지켜주는 장승같은 존재이자 사랑과 행운을 아낌없이 주는 나무와 같은 존재였다.

백동이는 다른 어떤 대형견과도 다르게, 18년이라는 긴 세월 동안 특별한 인생을 살다갔다. 마지막 눈감은 날에 백동이는 이모와 산책을 갔다온 후 조용히 견사로 들어가 혼자 잠들었다. 백동이는 마지막 잠드는 순간에도 가족들을 생각했나 보다. 백동이는 천 개의 바람이 되어 우리 가족의 마음에 스며들었다. 그리고 곧 사촌 오빠와 언니들의 아기들이 태어났다. 그 아이들은 처음 백동이를 봤을 때의 그 눈망울처럼 순진하고 반짝반짝 빛이 났다. 백동이의 소망과 기적은 백동이 무덤에 튼 새싹처럼 이 세상에 새로 태어난 조카들에게도 이어질 것이다. 그리고 그 아이들이 자라서 또다시 다른 누군가의 소망과 기적을 이루어주기를 바랄 뿐이다.

이민영

1991년생, 더모아영 대표. 건국대학교 일반대학원 화장품공학과 박사과정 재학 중으로 건국대학교 산업대학원 향장학과 석사과정 최우수 논문상, 건국대학교 인권에세이 공모전 우수상, 국제청년센터 국제이슈 공모전 장려상을 수상했다. 화장품 관련 전자책을 집필 중이다.

진도 북놀이

수상작

최우수상
김태선 _ 미소 짓는 진도 바닷길

우수상
진연정 _ 시간아, 멈추어다오!
오수연 _ 선생님은 항상 너의 행복을 바라
김민서 _ 나머지 2%의 재료

장려상
박지현 _ 바라기만 하면 기적이라고 불러도 될까
신상진 _ 생명이라는 희망을 꿈꾸며
유영미 _ 진도 바닷길은 다 계획이 있구나!
이광호 _ 날지도 못하면서 왜 날갯짓을 하니

미소 짓는 진도 바닷길

김태선(포항)

 어제저녁 네다섯 시간을 달려 진도에 왔다. 바다가 갈라져 모세의 길을 본다는 설렘에 밤새 눈을 붙이는 둥 만 둥 바닷가로 나왔다. 새벽 5시경의 바다는 온통 깜깜했다. 저 멀리 모도 등대만이 아침을 기다리며 불을 밝히고 있었다.

 몇 년 전에도 나는 진도에 왔었다. 그때는 다리가 아파서 바닷길을 걷지 못했다. 심한 요통이 다리를 절뚝거리게 했고 점점 틀어지는 체형 때문에 앞으로 걸을 수 있을까 생각이 들 정도였다. 마침 축제 기간이었지만 나는 바닷가에 앉아 구경만 했다. 축제에 참석한 사람들은 아이 어른 할 것 없이 물이 빠져나가기도 전에 바다로 뛰어들었다. 여기저기에서 첨벙대며 조개를 잡았다고, 미역 줄기를 뜯었다고, 또 운 좋게 낙지를 잡은 사람들은 보물이라도 찾은 듯 환호성을 질렀다.

물이 더 빠지고 드디어 바닷길이 드러났다. 사람들이 앞으로 나아갔다. 알록달록하게 차려입은 관광객들의 행렬이 길게 띠처럼 이어졌다. 진도에서 모도까지 펼쳐진 행렬이 신비한 다리를 건너 유토피아로 가는 길 같았다. 나도 그 틈에 끼이고 싶은 생각이 굴뚝이었지만 그냥 뽕할머니 동상 곁에 붙어 앉았다.

할머니 처지가 나와 동병상련처럼 느껴졌다. 전해 오는 이야기 속 뽕할머니는 마을 사람들과 자식들이 사나운 짐승을 피해 모도로 피신 갈 때 홀로 뒤처져 남게 되었다. 등 뒤에는 사나운 호랑이가 울부짖고 앞을 가로막은 바닷물은 검푸르게 넘실댔다. 목숨을 부지하려고 할 수 있는 건 기도뿐이었다. 할머니만큼은 아니지만, 그날의 내 심정도 절망적이었다. 바다가 운다 해서 울돌목이라 부르는 지형의 거센 파도를 바라보며 나도 울었다. 똑같은 하늘이었지만 한참 울고 나자 세상이 환해졌다. 나도 뽕할머니처럼 기도하고 어떻게든 부딪혀 보자는 용기가 목울대까지 꽉 차올랐다. 언젠가는 용궁 길을 걷겠다는 마음을 품고 살았다.

 다행히 그 꿈이 오늘 이루어졌다. 그새 5년이란 세월이 흘렀다. 다시 만난 뽕할머니는 어릴 적 외할머니를 생각하게 했다. 진도는 외갓집에 들어서면 대청마루에 앉았다 맨발로 뛰어나와 나를 부둥켜안던 그분처럼 반가웠다. 완전히 회복된 것은 아니지만 다섯 시간 버스를 타고 다시 왔으니 성공이다. 두드리는 자에게 문이 열린다 했던가, 다리가 성해도 도전하지 않으면 이 자리에 설 수 없다. 완주할 자신은 없었지만 가는 데까지 가보자며 뭍이 된 바다로 걸어 들어갔다. 처음 밟는 바닷길 감촉이 싫지 않았다. 질척이던 뻘밭이 지나자 금방 물청소를 한 듯 물기가 반짝이는 몽돌밭이 펼쳐졌다. 그 위에 배 한 척이 전신을 드러낸 채 정박해 있었다. 때맞춰 동쪽 하늘이 불그레해졌다. 아침 해였다.

주위가 환해지자 어느 영화에서 본 것 같은 멋진 풍경이 펼쳐졌다. 나는 그 풍경 속의 주인공이 되었다. 주인공은 나뿐이 아니었다. 한껏 길게 누운 미역, 물길을 놓친 군소, 하늘에서 별이 떨어진 것 같은 불가사리, 숨다가 들킨 꼬막의 궁둥이가 허옇게 보였다. 그들을 다치지 않게 조심조심 걸었다. 다시 물이 들어오면 미역은 꼿꼿이 허리를 세우고, 군소 꼬막, 불가사리는 안도의 힘찬 숨을 토해 낼 것이다. 신비함과 즐거움이 가득 찬 모세의 길이 그것들을 잘 품어 주었으면 참 좋겠다.

시간아, 멈추어다오!

진연정(대전)

지난 2월 중순 진도를 다녀왔습니다. 저는 십 년 만에 다시 찾는 길이었지만 친정어머니와 아이들은 진도 여행이 처음이었습니다.

이른 아침 머무는 숙소 앞에서 열리는 바닷길을 걷다가 문득 욕심이 났습니다. 그래서 더 규모가 큰 바닷길을 걸어보자며 급히 가족들과 이동했습니다. 바다를 오른쪽에 두고 서둘러 가는 길, 바닷물은 여전히 출렁거리고 있었습니다. 이상했습니다. 인터넷으로 확인한 물때가 맞았는데 말입니다. 바닷물이 지금쯤 빠져야 바닷길을 걸을 수 있는데 말입니다. 신비의 바닷길 체험관에 들러서야 그 이유를 알게 되

었습니다. 바닷길은 일 년에 단 하루만 열린다는 말을 듣고 얼마나 허탈하던지요. 덕분에 엄마는 거짓말쟁이임을 공식 인증하며 아이들의 원망을 원 없이 듣게 되었습니다. 바닷속에서 살아 움직이는 게를 데려오려고 가져갔던 통도, 아이들이 옷을 버릴 때를 대비해 준비해 간 옷들도 소용없게 되었습니다.

그런 한편 생각했습니다. 소원을 일 년 365일 들어주는 곳이라면, 이토록 간절하지 않을 텐데라고 말입니다. 그래도 아직은 굳건히 닫힌 바닷길을 보며 소원을 빌었습니다. 몇 달 후에 열렸다 치고 빌어보았습니다. 시간은 다르지만 같은 장소이니 문제없다고 우기고 싶었습니다.

가족들의 소원은 제각각이었습니다. 아이들은 로봇을 살 수 있게 해 달라는 소원을 빌었다고 하고, 함께 가신 친정어머니는 곧 있을 수술을 무사히 받게 해 달라고 빌었다고 합니다. 저는 시간이 제발 멈추어달라고 빌었습니다.

저는 한때 시간이 빨리 흐르기를 바란 적이 있습니다. 아이들이 뱃속에 있을 때 어서 시간이 가서 아이들을 만지고 싶어 했습니다. 아이들이 밤낮없이 울어대는, 그 끝나지 않는 긴 시간도 후다닥 지나가 버리길 바라기도 했습니다.

제 소원이 이루어졌는지, 시간이 지나니 그리 생각이 되는지, 십 년 세월이 훌쩍 흘렀습니다. 사람 마음이 참 간사하다 싶습니다. 조금은 살만하다 싶은지 이제는 시간을 붙들고 싶으니 말입니다. 만약 시간이 우리의 소원대로 고무줄처럼 줄었다 늘었다 한다면 세상에 고통이나 불행 따위는 없지 않을까 싶습니다. 고통의 시간은 최대한 줄이고, 행복의 시간은 마음껏 늘릴 수 있다면 얼마나 좋을까요.

제가 이토록 시간을 붙잡고 싶은 이유는 아이들과 친정어머니 때문입니다. 문득 마냥 귀엽고 사랑스럽기만 한 아이들, 70대이시기는 하지만 가끔은 예쁜 여자로 보이기도 하는, 사랑하는 어머니가 함께하는 이 시간이 더 없이 소중하게 느껴졌기 때문입니다.

 십 년이 지나면 아이들은 훌쩍 커 제 곁을 떠날 준비를 하고 있을 것입니다. 친정어머니 역시 지금보다 훨씬 더 할머니 느낌이 나지 않을까 싶습니다. 지금도 성하지 않는 어머니의 무릎이 제대로 움직이지 않을 수도 있습니다. 진도 구석구석을 여행하는 동안 친정어머니가 많이 하신 "언제 다시 오겠냐?"라는 말씀이 가슴을 아리게 했습니다.

 그때쯤이면 어쩌면 집에서 5시간 걸리는 진도 여행은 꿈도 못 꿀지 모릅니다. 시간이 화살 같다고 하더니 옛말은 어찌 이리도 딱 맞는 걸까요. 오늘이 새삼 소중하게 느껴집니다. 더 사랑하고, 더 행복하려고 노력해야겠다고 다짐합니다. 그리고 또 빕니다. 삼대가 함께하는 이 행복한 시간이 고무줄처럼 늘어서 영원하기를요. 저리 푸른 진도 바다라면, 바닷물이 있든 없든 제 소원을 들어주지 않을까 싶습니다.

선생님은 항상 너의 행복을 바라

오수연(세종)

5월의 따스한 어느 날, 나는 자그마한 센터의 선생님이 되었다. 대학생인 나는 아동센터에서 아이들에게 지식과 경험을 나누어주는 멘토링 선생님으로 발탁되었다. 어린이집에 다니는 아이부터 중학교를 다니는 아이까지 다양한 연령대의 아이들이 아담한 센터의 구성원이었다. 처음 센터에 온 날부터 아이들은 나에게 적극적으로 다가와 주었다. "선생님은 이름이 뭐예요?", "어디서 왔어요?" 쏟아지는 질문들에 대해 답을 해주며, 단번에 느꼈다. 이곳에 온 것을 후회하지 않으리라고.

이런저런 이야기를 나누며 아이들에 대해 알아가

는 일은 무척이나 즐겁고 행복했다. 내가 이야기를 할 때는 모두가 귀를 쫑긋 세우고 열심히 들어주었다. 매번 갈 때마다 "선생님, 왜 이제 왔어요? 보고 싶었어요!"라고 이야기하며 따뜻하게 날 맞이해주는 귀여운 아이들에게 점점 사랑을 주게 되었고, 어느새 센터에 가는 날만 기다리게 되었다.

5월, 6월, 7월…. 어느새 시간은 쏜살같이 흘렀다. 센터의 사랑스러운 아이들은 여전히 나의 활력소였는데, 그중 유독 마음이 쓰이는 아이가 있었다. 최근에 새로 들어온 아이였는데, 에너지가 넘치는 다른 아이들과 달리 항상 주눅이 들어있었다. 친구들과 놀고 싶지만 선뜻 말을 걸지 못하는 모습, 사소한 일에도 미안하다며 고개를 푹 숙이고 사과를 하는 모습, 실패를 할까 두려워서 하고 싶은 일에 도전을 못하는 모습 등 아이를 보며 많이 안타까웠다. 아이의 모습에서 어릴 적의 내가 보였다. 어릴 적의 나는 아이와 비슷했다. 같이 어울리고 싶었지만 나를 좋아하지 않을까 봐 사람들에게 말을 제대로 하지 못하

였고, '나는 해봤자 안 돼.'라는 생각을 하며 늘 주눅들어 있었다.

 이런 나에게 당당하게 세상을 바라보아도 된다고 알려주신 분은 초등학교 5학년 때의 담임선생님이었다. 선생님은 항상 예쁜 얼굴을 보여 달라고 말씀하시면서, 조급해하지 않고 나의 이야기를 귀 기울여 들어주셨다. 또한, 곁에 있어주며 자신감을 북돋아주셨고, 스스로 고민의 해결책을 찾을 수 있도록 방향을 잡아주셨다. 선생님과 학생의 관계를 넘어 사람 대 사람으로 나를 존중해주시는 선생님을 보며 나 역시 삶을 살아가면서 나와 비슷한 이들의 마음을 어루만져 주고, 같이 이야기할 수 있는 어른이 되어야겠다고 다짐했다.

 한창 꿈 많고 파릇파릇 피어나야 할 시기에 아이가 스스로를 부정적으로 바라보고 있는 것이 어릴 적의 나와 닮아 있어 마음이 아팠다. 무엇이 아이를 그렇게 불안하게 만들었을까. 담임선생님이 내게 해주셨던 것처럼 아이에게 사랑과 자신감을 주고 싶었다. 나뿐만 아니라 센터의 모든 선생님들도 아이가 불안함에서 벗어나 행복해질 수 있도록 온 마음으로 응원하였다.

먼저 아이의 이야기를 듣고 싶어서 아이에게 천천히 다가갔다. 눈을 바라보며 밥은 먹었는지, 오늘 학교에서 무엇을 했는지 등 사소한 이야기를 물어보았고, 나도 친구처럼 나의 이야기를 들려주었다. 초등학교 때 나에게 궁금한 것을 물어보며 관심을 가져주셨던 선생님과의 기억은 정말 좋은 기억으로 남아 있어서 나도 아이에게 '선생님은 너에게 관심이 아주 많고, 너에 대해 알고 싶어.'라는 마음을 알려주고 싶었다. 그리고 함께 대화를 나누면서 아이의 친구가 되어주고 싶었다.

그렇게 천천히 다가가니 어느새 아이의 마음이 서서히 열리는 게 느껴졌다. 처음에 말을 걸었을 때 아이는 고갯짓만 하고 대답은 거의 하지 않았는데, 이제는 대답도 곧잘 하고 나에게 질문도 하였다. 아이와 대화하고, 관찰하면서 새롭게 알게 된 사실은 아이가 그림을 좋아한다는 것이었다. 아이의 그림을 처음 봤을 때, 너무 잘 그려서 깜짝 놀랐다. 하지만 아이는 자신의 그림이 부끄러운지 "제 그림은 이상해요."라고 말하며 계속 숨기려고 하였다. 다른 친구들이나 선생님들에게도 그림을 보여주면 분명히 칭찬을 받을 텐데 자신감이 없는 모습을 보니 참 속상했다.

그래서 아이에게 그림에 대해 아낌없이 칭찬을 해주었다. 그림을 어떻게 그리게 되었는지 물어보고, 그림에서 아이만의 생각과 매력이 잘 담겨있다는 사실과 아이의 그림을 보면 기분이 환해진다는 사실 등등 알려주며 아이가 그림을 그린 과정과 마음을 공감해주었다. 아이가 그린 그림에 대한 관심을 계속 보여주자 그림을 숨기려고만 했던 아이는 이제 부끄러워하지 않고 먼저 그림을 보여주고, 그림에 대해 웃으면서 설명을 해주었다.

처음에는 멀찍 떨어져 앉던 아이가 점점 가까이 다가와 궁금한 것을 물어보기 시작했을 때는 '우리가 많이 가까워졌구나.'라는 생각이 들어 기쁘고 뿌듯했다. 그리고 부끄러워 그림을 계속 숨기던 아이가 웃음꽃이 핀 얼굴로 그림에 대해 이것저것 알려주었을 때는 말로 표현할 수 없을 정도로 감동적이었다. 아이의 웃는 얼굴은 정말 예뻤고, 행복해 보였다. 아이와 함께 시간을 보내면서 깨달은 것은 사랑으로 대할 때 진심은 통하고, 그 진심은 아이를 변화시키는 원동력이 된다는 사실이었다.

아이에게 매일 말해주고 싶다. 네 안에 보석들이 잠들어 있고, 너는 그 보석들을 깨울 힘이 있다는 것을. 그리고 너의 뒤에서 선생님은 항상 너를 응원하고, 네가 삶을 살아가면서 너와 비슷한 이의 마음을 어루만져 주고, 따뜻하게 감싸 안아줄 수 있는 아이로 성장하기를 소망한다고. 아이를 향한 나의 마음이 아이에게 큰 위로와 편안함으로 다가갔으면 좋겠고, 아이의 희망과 행복이 되었으면 좋겠다.

나머지 2%의 재료

김민서(서울)

'나도 유명해 질수 있을까?'

모두들 이런 생각을 한 번쯤 해봤을 것이다. 초등학교 4학년 때 그런 마음에 유튜브를 시작했다. 첫 영상을 만들기는 어려웠지만 편집을 해서 유튜브에 올려보았다. 당연하게도 반응은 그렇게 좋지 않았다. 구독자 5명, 좋아요 2개, 조회수 9. 그래도 포기하지 않고 계속 영상을 올렸다.

당시에 유행하던 게임 영상, 친구들이 추천한 음식점 리뷰, 군대 음식 리뷰, 여행 가서 찍은 브이로그, 나 혼자 노는 영상 등을 올렸다. 영상을 만드는 재미에 빠져 열심히 만들었다. 그렇게 해서 구독자

100명을 달성했다. 비록 유튜브를 시작하고 3년 만에 구독자 100명이 되었지만, 그래도 '유튜버'라는 꿈을 품으며 영상을 계속 올렸다.

하지만 현실이라는 벽이 유튜버의 길을 가로막았다. '유튜브로 내가 성공할 수 있을까?', '편집을 잘한다는데, 잘 안 봐주는 이유가 뭘까?', '내가 영상을 만드는 것에 가치가 있을까?', '3년 동안 했는데, 구독자 100명인데, 계속 하는 게 맞을까?' 이런 생각이 들면서 그렇게 슬럼프가 찾아왔다.

슬럼프는 괴로웠다. 무슨 영상을 만들어도 재미가 없고, 편집에는 더욱 자신이 없어졌다. 구독자도 143명이라는 숫자에 멈추어 있었다. 영상을 안 올리기 시작한 이후로 구독자는 더욱 떨어졌다. 142명… 141명… 140명… 139명…. 이렇게 의미 없는 짓을 계속해도 되는 걸까 한참을 생각하다 결론을 내렸다.
'이번이 마지막 영상이다.'
비록 겁이 났지만 마지막이라는 생각으로 만드니

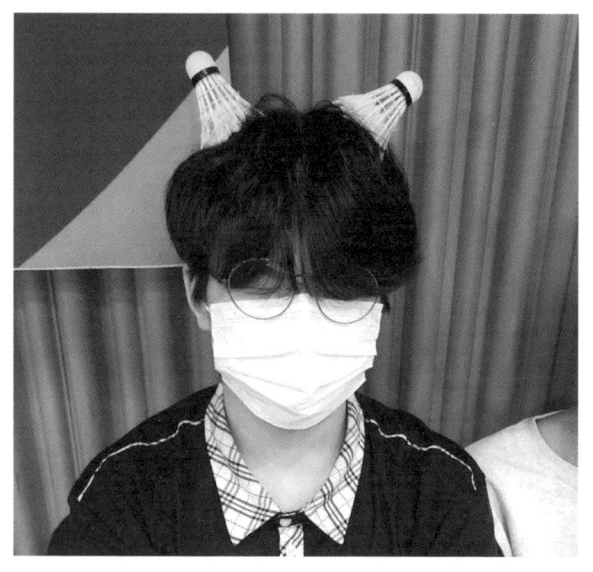

만들기가 쉬웠다. 그렇게 영상을 다 만들고 오랜만에 유튜브에 게시했다. 예상과 다르게 영상의 반응은 좋았다. 친구들은 신나는 음악에 맞춰 영상을 편집했는데 친구들이 평범한 게임 영상보다 훨씬 재미있다고 했다. 조회수는 나의 평균 조회수인 60회를 아득히 뛰어넘은 540회. 용기가 생겼다. 나는 곧바로 다음 영상을 만들어 게시했다. 그 영상도 꽤 반응이 좋았다. 학교에 가면 친구들이 재미있었다며 한마디씩 했는데, 그 말이 무척 듣기 좋았다.

그 후로 영상을 꾸준히 만들기 시작했다. 구독자는 143명을 뛰어넘은 150명을 달성했다. 그렇게 나는 깨달았다. 항상 무엇을 시도해볼 때는 '할 수 있다'는 용기가 필요하다.

나는 용기가 기적이라 생각한다. 항상 무엇이든 실패를 하더라도 용기를 가지고 다시 도전하면 지난번에 한 일보다 더 결과가 좋았다. 이런 이유 때문에 나는 용기라는 말을 마음에서 꺼트리지 않을 것이다. 이 글을 읽는 모두가 용기를 가지고 뭐든 도전해봤으면 좋겠다.

바라기만 하면
기적이라고 불러도 될까

박지현(공주)

　대학을 가는 것이 세상 그 무엇보다 중요한 시기가 있다. 친구들은 스트레스를 받다 못해 병원을 오갔고 수액까지 몇 번 맞은 아이들도 있었다. 고3, 나는 그 예민하고 날카로운 공기 속에서도 평온하게 굴었다. 가고 싶은 대학이 있었고 간절하기야 했지만 감정적으로 동요하진 않았다. 마지막 내신 시험을 앞두고서 너무 긴장을 해 전날부터 밥을 굶었다는 옆자리 친구, 9모(9월 모의고사)를 치기 전 청심환을 먹고서도 손이 떨려 죽을 것 같았다는 다른 학교 친구, 갈 수 있었던 대학을 다 떨어지고 재수를 결심한 친구 등, 하나같이 가지각색의 이유로 기분이 좋지 않았고 한껏 까칠하게 굴었다.

종종 그런 생각을 했다. '대학을 조금 더 높게 가면 정말로 내 인생이 달라질까?' 입시생인 고3이 하기에는 적절하지 못한 생각이긴 했다. 그런데 그냥 그렇게 생각했었다. 가고 싶었던 대학을 가면 좋겠지. 하지만 가고 싶었던 대학을 가지 못한다고 내 인생이 나락까지 떨어질 것 같진 않았다. 어쩌면 기이한 확신이었을 수도 있고 배부른 오만이었을 수도 있다.

그런 생각을 하는 것치고는 열심히 살았다. 매일 독서실을 다녔고 수시 원서를 내고도 수능과 면접과 논술 준비까지 했다. 바쁘게 살면서도 이 노력에 대해서는 회의적이었다. 그냥 관성처럼 살았던 것 같다. 다들 그렇게 사니까. 고3은 사람이 아니라 공부하는 기계라고들 하니까. 딱히 동의하지는 않았지만 인생의 어느 순간은 죽어라 노력을 해야 하며 그 순간이 지금이라면 그럴 법도 하다고 느꼈다. 공부가 재미있었던 적도 보람찼던 적도 없었지만 성실하게 살았다고 자부했다.

수능 날까지도 긴장을 하지 않았다. 젤리를 하나씩 꺼내 먹으며 덤덤히 그 시간을 보냈다. 복도에서 만난 친구들에게 도움이 될까 싶어 젤리를 나누어 주려고 했다가 하나같이 '나 너무 긴장해서 먹으면 토할 것 같다'는 답변을 듣고는 그냥 내가 다 먹었다. 누구는 자살까지 한다는 시험을 치면서, 나는 긴장하기보다 '이 시험이 내 인생을 바꿀 수 있을까?'라는 생각이 들었다.

합격 발표가 나던 날, 떨어질 거라고 생각했던 상향 대학 두 곳에서 합격이 떴다. 나는 그날 아마, 부모님을 붙잡고 소리를 질렀던 것 같다. 지금도 여전히 수능과 대학이 내 고등학교 3년의 모든 것이라고 생각하지는 않는다. 그냥 그건, 내 노력의 결과물이고 때때로 직접적이고 눈에 보이는 것이 우리를 위로하니까.

나는 다른 친구들에 비해서 논술을 준비한 기간도 짧았고 수능 공부를 시작한 시기도 늦었다. 최저를 맞추고 논술 전형에 합격한 나를 두고 기적이라고들 했다. 그리고 나는 그런 말들을 들으며 그냥 웃었던 것 같다. 때로 기적이라는 말은 제 눈에 보이지 않는 타인의 노력을 폄하하는 말이 된다. 3년 내내 몇 백 권의 책을 읽은 시간이 노력으로 여겨지지 않는 모습을 보며 아직도 생각한다.

 어떤 기적은 인과성을 지니고 있다. 내 소망은 노력이 전제되어야만 했고, 우리는 노력으로 좌우되는 것을 기적이라고 부르지 않는다. 그저 간절히 바라기만 하면서 기적을 기대할 수 있을까? 소망하기만 하고 노력하지 않는 일이 이루어지는 것은 드물다는 것을 우린 기억해야 한다. 삶을 채워나가는 것을 그냥 기적이라고 통칭하지 말고 되짚어서 생각해보자. 우리가 얼마나 열심히 살고 있는지에 대해서.

생명이라는 희망을 꿈꾸며

신상진(서울)

　3년 전 작은 뜰이 있는 구옥으로 이사를 했다. 식물을 좋아하는 나는 물 만난 고기처럼 온갖 화초를 들이고 씨앗을 심는 등 매일 매일이 분주했다. 1년 넘어 식물을 키우면서 멀쩡했던 걸 죽이기도 하고, 죽을 둥 살 둥 하는 걸 생생하게 살려 놓기도 했다. 식물이 죽는 이유는 대개 햇빛, 물, 공기(통풍)로 나눠볼 수 있는데, 환경이 썩 좋지 않아도 생명이 꽤 오래 가는 종류가 있기는 한다. 하지만 과습이 되거나 반대로 메마르게 되면 뿌리에 영향을 미치고 결국은 죽게 되는 것이다. 4계절을 지나며 폭서나 폭우, 폭염을 만난 식물은 사고를 입은 것과 같아 여간해서는 회복이 되질 않는다. 사람도 그랬다. 좋지 않은 환경에서 오랫동안 지내게 되면 어딘가 아프거나 제대로 성장하지 못했다. 큰 사고를 겪었음에야 말할 것도 없을 것이었다.

재작년. 아들아이는 큰일을 겪었다. 지방에서 대학을 다니면서 아르바이트로 배달 일을 하던 중 오토바이 사고가 난 것이다. 사고의 결과는 엄청났다. 코뼈가 부러지고 눈썹 뼈가 함몰되고, 골절도 여러 군데 입었다. 1년에 걸쳐 네 번의 입원과 퇴원, 여섯 번의 수술을 하면서 환자인 아들이나 보호자인 나나 기진맥진해졌다. 첫 수술 후 퇴원하고 집으로 돌아왔을 때였다. 장마로 집 안팎이 축축하게 젖어있었다. 거실 창가에 둔 알로카시아 나무가 기우뚱하니 기울어진 느낌이 들었다. 누가 건드렸나 싶어 몸통을 똑바로 세우고 물을 주었다. 병충해 방지에 좋다고 하는 약도 뿌렸다.

한 달여 지나 두 번째 수술하고 퇴원하니 알로카시아가 더 기울어져 거의 쓰러지다시피 했다. 아무래도 안 되겠다 싶어 밑동을 파보니 반쪽 넘어 시커 멓게 썩고 기둥도 물러 있었다. 아깝지만 버리는 것이 낫지 않을까 싶었는데 비슷한 시기에 사고를 당한 아들과 닮은꼴이라는 생각이 들었다. 아들 역시 어깨를 잡아 주는 네 개의 신경 중 두 개가 상해 한쪽 어깨가 기울어져 있었기 때문이었다.

  한번 썩어들어가기 시작한 뿌리는 잘라 내고 다시 심어도 힘을 얻지 못했다. 성한 데만큼 자르고 자르다 보니 이파리 한 잎만 남은 꼴이 되었다. 버리려던 이파리를 항아리에 꽂아 놓았다. 뿌리가 나올지 궁금했다. 아들이 퇴원한 지 1년여의 시간이 흘렀다. 아들은 여러 번의 재활치료와 도수치료, 침 등 끊임없이 노력했고, 조금씩 팔에 힘이 들어가긴 했지만, 특별히 나아지는 기색은 보이지 않았다. 조금이라도 나아지는 기미가 보이면 희망에 기쁘다가 제자리인 걸 확인하면 기운이 푹 꺾였다. 그럴 때마다 알로카시아 이파리를 들어 뿌리가 났는지 보았다. 썩진 않았으나 뿌리가 나올 기색 역시 보이지 않았다. 다시

한번 버려버릴까 생각하다가 기다리기로 했다. 기다림은 지루하고 불안하고 힘이 들었다.

 사고 난 지 2년이 지났다. 완쾌되지는 않았지만 아들은 조금씩 회복되었고, 아르바이트도 시작했다. 그때쯤 알로카시아에 희고 약한 뿌리가 나와서 조심스럽게 화분에 옮겨 심었다. 조금 지나니 작은 싹이 하나 돋았다. 오랫동안 고생하느라 버짐이 핀 것처럼 희끗희끗하던 이파리가 깨끗한 연둣빛을 띠었다. 예전의 모습을 상상할 수 없을 만큼 키가 작아졌지만 새로 심은 화분에서 깊은 뿌리를 내린 것 같았다. 아들아이를 볼 때마다 다치기 전으로 돌아갔으면 얼마나 좋을까 상상하며 가슴 쓰려 하던 나도 약한 모습 그대로 받아들이는 방법을 배우게 되었다. 알로카시아 이파리를 항아리에 꽂을 때 바랐던 희망이 '다시 살아남'인 것처럼 아들아이의 생명이 보존된 것에 감사하는 훈련을 한다. 가장 힘들었을 때 기도가 '제발 살려주세요.'였던 것을 기억하며 이 자리에서 새로운 희망을 꿈꾼다. 회복을 넘어 성장으로 이어질 수 있도록 오늘도 기도를 멈추지 않는다.

진도 바닷길은
다 계획이 있구나!

유영미(안산)

지난 12월 가족들과 진도 여행을 계획했다. 수도권에 있는 우리 집에서 가자면 꽤 먼 거리였지만 워낙 유명한 숙소가 있는 곳이라 한 번은 도전할만하다는 마음가짐으로 여행계획을 세웠다. 사춘기 초입에 들어선 아들에게 좋은 숙소 사진을 보여주며 진도 여행을 제안했더니 먼 거리임에도 불구하고 흔쾌히 따라나서 주었다. 장거리 여행이라 온 식구가 만반의 준비를 하고 출발했다. 휴게소 음식을 기대한 아들은 인터넷에 돌아다니는 휴게소 리스트를 우리에게 내밀며 당당히 휴식을 요구했다.

아들 덕분에 호두과자, 우동과 같은 상투적인 휴

게소 음식에서 벗어나 소떡소떡, 장어탕 등 다양한 장르의 휴게소 음식을 맛볼 수 있었다. 휴게소 음식 체험, 가족들과의 수다, 음악감상 등의 경험을 충분히 하고 나니 어느새 진도에 다다랐다.

 숙소에 들어가 짐을 풀고 발코니로 향했다. 쏟아지는 햇살과 그 햇살을 조명 삼아 반짝이는 바다가 환상의 팀워크를 이루며 우리 가족을 반겨주었다. 여기저기 솟아오른 자그마한 섬들이 웅장하면서도 앙증맞은 느낌을 주었다. 처음에는 시선을 바꿀 때마다 원근법이 적용되지 않는 듯한 이 풍경이 낯설었지만 '그저 즐기자'라는 열린 마음 덕분에 눈으로 풍경 사진을 잔뜩 찍을 수 있었다. 회덮밥 한 그릇을 뚝딱 해치우고 가족들과 함께 진도 바닷길로 향했다.
 "엄마, 이렇게 매일 바닷길이 열리고 닫히는 것이 신기해요!"
 요즘 따라 부쩍 부끄러움이 많아지고 말 수가 줄어든 아들이 뱉어낸 탄성이 참 반가웠다.

"아들! 2022년 고생 많았고, 2023년도 힘 내렴!"

갑작스러운 엄마의 응원에 아들이 픽 웃었다. 오랜만에 말랑말랑해진 아들의 표정 앞에서 소통의 진도를(?) 쭉 빼본다.

"그럼 우리 각자 2023년 소원 빌어보는 거 어때?"

"좋아요!"

"엄마는 다음 주부터 투고할 거니까 2023년에는 계약을 해서 진짜 작가가 되고 싶어."

"저는 다이어트해서 더 건강해지고 싶어요."

"여행 왔으니까 다이어트는 여행 이후에 하는 걸로?"

"좋아요! 하하하하하!"

웃으면서 기분 좋게 바닷길 산책을 마치고 숙소로 돌아왔다. 숙소의 야경, 맛있는 음식들이 우리 가족을 정말 행복하게 해주었다.

그로부터 2주 뒤. 반가운 연락이 왔다.

"작가님! 저희와 출간 계약하시죠!"

믿겨 지지 않았다. 100군데 넘게 투고했는데 전부

정중한 거절 메일뿐이었다. 거의 포기하고 있을 때 만난 기적 같은 연락이었다.

"아들! 엄마 계약하자고 연락 왔어!"

"정말요?"

거듭되는 거절 메일에 낙심하는 나의 모습을 지켜봤던 아들은 무척 놀라워했다. 그리고 누구보다 기뻐했다. 우리는 부둥켜안고 행복을 만끽했다.

"엄마, 그때 진도 갔을 때 소원 빌었잖아요! 기적의 바닷길에서 소원을 빌어서 진짜 기적 같은 일이 일어났나 봐요!"

"아! 진짜 그러네!"

사실, 진도 바닷길에서 빌었던 소원은 잊고 있었다. 그런데 아들은 그 일을 똑똑히 기억하고 있었다. 아들의 순수하고도 따뜻한 마음이 참 고마웠다.

더 감사한 일은 출간 계약 이후 아들의 태도가 달라졌다는 점이다. 엄마의 말을 무시하고 잔소리로 치부했던 모습 대신 진지하게 대화에 참여하는 모습이 보인다. 엄마가 글 쓴다고 컴퓨터 앞에 앉아 있으면 따뜻한 커피를 타서 무심하게 놓고 간다.

진도 바닷길에서 시작된 나의 소원은 투고, 계약 과정을 통해 정말 실현되었다. 그러나 더 놀라운 것은 내 마음속 진짜 소원이 이루어졌다는 점이다. 차마 입으로 꺼낼 수는 없었지만 고민하고 있었던 것은 사춘기 아들과의 소통이었다. 꽁꽁 숨겨 놓은 내 마음속 소원을 진도 바닷길은 다 알고 있었다. 수천 년, 수만 년 동안 반복된 기적은 우리 마음속 소원을 꿰뚫어주고 이루어주는 신비한 힘을 가지고 있는 것 같다. 진도 바닷길이 보여주는 신비, 그리고 기적은 결코 그 곳에서만 끝나지 않는다. 그곳을 다녀간 사람들의 삶에 신비와 기적의 씨앗을 심어준다.

매일 기적을 반복하는 그 곳. 진도 바닷길은 다 계획이 있구나!

날지도 못하면서
왜 날갯짓을 하니

이광호(인천)

"제발 오늘만은 아빠가 술을 드시지 않고 들어오게 해주세요."

꼬마 아이의 기도가 간절할수록, 절망도 커졌다. 그의 부친은 어김없이 술을 마시고 그의 가족에게 폭력과 폭언을 쏟아냈다. 어린아이가 할 수 있는 건 아무것도 없었다. 눈을 마주치면 건방지다고 맞았고, 손에 힘을 쥐면 주먹을 쥔 것이냐며 맞았다. 살아도 산 것이 아니었다. 한 대라도 덜 맞으려면 저항하지 않겠다는 의사를 온 몸으로 표현해야 했다. 술이, 돈이 문제였다. 술을 마시고 온 그의 부친은 매번 돈 이야기를 꺼냈다. '용돈이 적다', '집에서도 이러니 회사에서 기를 못 편다', '내가 돈 벌어오는 기계냐'.

그 이야기를 새벽 내내 하다 아침이 밝아올 때쯤에야 잠에 들었다. 그의 부친은 다음 날이면 아무 일 없다는 듯이 출근하고, 아이는 등교했다. 아이는 새벽까지 맞고 울다 다음 날이면 학교에서 웃고 떠드는 자신이 미쳐버린 게 아닌지 의심하기도 했다.

아이는 세상이 무서웠다. 언제 누가 자신을 위협할지 모른다는 생각에 온 세상을 향해 더듬이를 피고 위험을 감지했다. 공격받지 않기 위해 아이가 선택한 것은 '착한 아이'를 연기하는 것이었다. 친구들에게도 많은 관심을 받고, 선생님에게도 사랑을 받을 수 있었다. 하지만 한때였다. 중학교에 진학한 아이는 괴롭힘을 당하기 시작했다. '기절놀이'를 가장해 목을 졸려 운동장 한복판에 기절한 상태로 쓰러져 있기도 했고, 필요 없는 물건을 비싼 가격에 강매당하기도 했다. 심지어는 방학 숙제를 대신 해주고 원하지 않는 담배를 피우기도 했다. 아이는 저항하는 법을 알지 못했다. 그는 세상에 고개를 숙이고, 순종하는 법만을 배웠을 뿐이다.

성인이 된 아이는 우울증과 불안장애, 면역질환, 특발성 과다수면장애, 특발성 사지운동장애 등의 만성질환을 진단받는다. 이전부터 함께 해왔던 자살사고가 구체화되는 것을 느끼며 죽어야겠다는 결론에 다다른다. 하지만 그의 어머니가 먼저 스스로 세상을 떠났기에 그는 죽음을 택하지 못한다. 스스로 떠난 자의 주변 사람들이 얼마나 힘든지 알기 때문이다. 그래서 그는 어쩔 수 없이 산다. 주체적인 삶을 택한 것은 아니다. 죽음을 택하지 못했을 뿐이다. 그에게는 아무런 의욕도, 기력도 없다. 무언가를 하고 싶다는 내적 동기도 없이 그저 살아있을 뿐이다. 먹지도 않고 누워 있는 시간이 길어졌고, 그의 영혼은 오랜 시간 차근차근 말라붙었다.

그러던 그가 뒤뚱거리기 시작했다. '펭귄의 날갯짓'이라는 모임의 활동가가 된 이후부터다. '펭귄의 날갯짓'은 정신질환을 경험한 당사자 청년들이 경제적, 심리적으로 자립하기 위해 모인 곳이다. 우연히 그곳의 활동가가 된 그는 그곳에서 정신질환을 경험

한 사람들을 만나며 자신이 이상한 게 아니라는 걸 깨닫기 시작했다. 나만 힘든 게 아니고, 정신질환을 가진 게 잘못이 아니라는 것을 알아가며 변화가 시작됐다. 자발적으로 모임에 나가고, 모임을 만들고, 사람들 앞에서 발표를 하기도 했다. 어쩔 수 없이 집 밖으로 나갈 때도 사람들을 마주칠까 봐 눈을 깔고 뒷골목으로 다니고, 엘리베이터도 타지 않고 계단을 걸어다니던 그가 말이다.

그에게는 소망이 하나 생겼다. 정신질환을 가진 사람들이 자책하지 않고 밖으로 나올 수 있는 세상을 꾸리는 것이다. 그래서 그는 우울과 불안에 파묻혀서도 조금씩 움직인다. 어쩌면 기적이 일어날 수도 있다는 생각에 정책 공모전에 참여하고, 지원사업에 응모하기도 한다. 물론 실패와 좌절이 반복된다. 오랜 시간과 에너지를 쏟았지만 연락조차 오지 않는 경우도 허다하다. 하지만 그는 이전처럼 '아무것도 안 될 것이다'라는 생각에 오래 빠져있지 않았다. 거듭 도전하며 정신질환 당사자 청년들을 위한 정책으로 공모전에 참여해 성과를 이루기도 했다. 그래서 그는 오늘도 날갯짓을 서두른다. 펭귄의 날개로 날 수는 없지만 작은 물결을 일으키기 위해. 세상의 변화를 만들기 위해, '착한 아이'가 아닌 '나'로 살기 위해서 말이다.

진도 강강술래

진도
바닷길
소망
공모전
2023

입선작

신중년의 꿈 외 48편

신중년의 꿈

박영숙(화성)

　어떤 성공한 이가 말하기를 소원이 있거든, 정말 그 꿈이 성취되기를 간절히 원한다면 종이 위에 백번씩 매일 쓰란다. 그러면 정말 이루어진다고. 자신의 꿈은 그렇게 이루어졌단다. 그러면서 하는 말이, 이렇게 꿈이 이루어지는 단순한 노하우를 알려줘도 백번씩 쓰는 사람이 매우 드물다고 했다. 쓰다 보면 이게 정말 내가 원하는 그 꿈 맞을까? 생각하게 되고, 정말 원하면 그 꿈을 위해 노력하게 되니 꿈이 이루어진단다. 처음엔 진짜 소원 같았어도 시간이 지나 수정하는 것도 하나의 과정이라니, 그 강좌를 들으면서 혹하는 마음이 들었다. 나도 한 번 써볼까? 했지만 결국 그이 말마따나 나는 매우 드문 사람 축에 들지 못했다. 그거 백 번 매일 쓴다고 설마 되겠어? 하는 마음이 들었던 거다. 이루어질 것 같지 않았다. 의심은 결코 행동을 촉발하지 못한다. 꿈을 종이 위에 쓰면 이루어진다는 기적은 그렇게 멀리 떠나갔다.

코로나가 막 유행을 타기 시작하고 모든 모임이 중단되자 우울감이 밀려들기 시작했다. 하릴없이 시간을 보내는 것도 하루 이틀이지 일 년이 될지 이 년이 될지 알 수 없는 코로나였다. 나는 책이라도 쌓아 놓고 읽어보자며 도서관을 뻔질나게 드나들기 시작했다. 책 먹는 여우처럼 책을 한 번 먹어볼까? 그러면 나도 어느 날 거짓말같이 술술 글이 막 써질지도 모른다는 상상을 하면서 말이다.

도서관을 드나들다 보면 자연스럽게 도서관 프로그램 홍보물이 눈에 들어오기 마련이다. 집 근처에 도서관이 있었어도 이용하지 않았으니 10년 넘게 한 번을 들어보지 않았던 도서관 평생학습 프로그램이었다. 책을 빌리기 위해 도서관 눈도장을 찍으니, 나도 저거 한 번 들어볼까? 호기심이 생겨 독립출판 수업을 듣게 되었다. 샘플책 한 권을 만드는 것이 그 수업의 과제였다. 나는 포토샵이고, 인디자인이고 강사가 말하는 용어가 뭔지 알 수 없어 줌 강좌를 녹음해서 반복해서 들었다. 생소한 용어를 익히기 위해 발버둥을 쳤다. 그리고 가장 중요한 것, 샘플책의 내용물이 되어야 하는 콘텐츠를 직접 써야 한다. 글이 있어야 책이 되어 나올 수 있지 않겠는가. 인디자인에 들어갈 내용을 작성하기 위해 급한 마음에 글을 썼다. 에세이라고 하기에는 부족한 일기 같은 글이었다. 그것도 거의 푸념에 가까웠으니 다시 읽어보기 민망한 수준이었다. 우습게도 그 글의 끝이, 난 작가가 될 거야! 하는 문장이었다. 비웃음이 폭소가 되어 나오든지 할 판인데, 어쨌든 인쇄되었다. 나의 글은 샘플책이 되어 한 권은 도서관에 비치되고 한 권은 내 손에 들어왔다.

미흡하고 부족한 수준이었지만 나는 계속해서 도서관을 드나들며 뭐라도 읽고 쓰기를 계속했다. 그렇게 1년이 흘렀고 까막눈이라 낑낑대던 인디자인을 익히기 위해 독립출판 수업을 몇 번씩 반복해서 수강했다. 그러는 사이 샘플책은 계속해서 한 권씩 추가되었다. 그리고 얼마 후 나는 브런치라는 플랫폼을 알게 되었고 브런치 작가가 되었다. 또다시 시간이 흘러 도서관에서 진행하는 1인1책 쓰기 프로그램에 선발되었다. 쓰기만 하면 진짜 ISBN을 따서 출판등록을 하는 책이 만들어지는 거였다. 여전히 낯뜨거운 민망한 글이었지만 약속대로 책이 되어 시립도서관에 비치되었다.

난 작가가 될 거야, 그 문장이 계속 나를 이끌어 올해 역시 도서관 글쓰기 수업을 신청했다. 이제는 일기 수준을 벗어나기 위해 작가가 합평을 하는 수업을 신청했다. 백 번씩 매일 쓴 게 아닌데, 단지 샘플책으로 인쇄되어 내 품에 안긴 것뿐인데, 그 문장은 살아서 꿈을 이루기 위해 움직이고 있다. 기적은 한 걸음씩 가까이 다가오고 있다. 난 정말 작가가 될 거다.

가르친다는 것은
희망을 노래하는 것

김태린(인천)

    2022년의 교육부 예산은 약 89조 6,000억 원이었다는 사실을 알고 계셨습니까? 여러분은 이렇게 막대한 예산이 공교육에서 어떻게 쓰이는 것으로 생각하십니까? 혹시 이렇게까지 많은 예산은 불필요하다고 생각하시진 않으셨습니까?

    아이들이 '지', '덕', '체'를 고루 양성하기 위해서는 '학교'라는 작은 사회로 발을 디뎌야 합니다. 그들은 이곳에서 교사에 의해 세상을 배우고 사람을 배우며 진정한 사회인으로 거듭납니다. 이를 실현하기 위해 교육부는 학생들과 교사들에게 예산을 지원하고 교사들은 그 예산으로 학생들을 가르칩니다. 그

것이 지의 영역이든, 덕의 영역이든, 체의 영역이든 상관없이 말입니다. 그러나, 아무리 막대한 예산이 지원된다 한들, 아이들을 올바르게 양성해야 할 교사가 단지 아이들에게 본인이 책임지고 있는 학문만을 가르치고, 학생들에게 더 넓은 사회에 대한 어떠한 교육도 행하지 않는다면 과연 그 교사에게 가르침을 받은 아이들이 더 넓은 사회로 발을 디뎠을 때,

그곳에서 안정된 삶을 살아갈 수 있겠습니까?

〈스승의 은혜〉라는 노래 가사에는 이런 문장이 있습니다.

"참되거라 바르거라 가르쳐 주신 스승은 마음의 어버이시다."

교사의 역할은 본인이 맡은 학문을 학생들에게 가르치는 것에서 끝나지 않습니다. 진정히 학생들을 사랑하는 마음에서 비롯된 정성으로 그 넓고 아름다운 세상에 먼저 발을 디딘 사람으로서 아이들에게 더 아름다운 세상을 선물하고, 그 속에서 아름다운 사람이 될 수 있도록 인도하는 것이 교사의 역할입니다. 마치 마음의 어버이처럼 말입니다. 사람과 세상을 배우는 청렴한 교육기관이자 실제 우리 사회와 다를 바 없는 학교에서 아이들은 '교사'라는 농부에게 '교육'이라는 흙과 물, 빛, 양분을 먹고 살아가는 씨앗과 다를 바 없습니다. 아무리 좋은 환경이 구성되어있다고 해도 농부가 그 씨앗을 제대로 가꾸지 않는다면 그 씨앗은 웃자라거나 아예 자라지 못하기 마련입니다.

　우리나라는 학력이 지위 획득의 수단으로 작용하여 명문 대학 졸업장을 취득하기 위한 경쟁이 치열한 '학벌 중시 국가'로 학문 전달 교육이 아이들을 진정한 사회인으로 양성하는 것보다 중요하지 않다고 정의할 수만은 없습니다. 그러나, 학생들이 진정히 사람과 세상을 배워 더 넓고 아름다운 세상에서 살아갈 수 있도록 인도하기 위해서는 학벌 중심의 이념에서 벗어나 진정히 사람을 기르는 교사의 태도가 중요합니다. 최다수의 학생들에게 호손 효과와 플라시보 효과를 일으켜 전인교육의 선순환을 활성화할 수 있는 교사가 필요하다는 말입니다.

　학생들에게 진정 필요한 것은 넓은 사회에서 스스로 살아남을 수 있는 힘과 전략이고, 교사들은 교사들이 행했던 교육의 결과를 몸소 보여주며 전인교육을 실시해야 합니다. 정어리의 생존방식을 아십니까? 정어리는 비록 작은 몸에 약한 힘을 가지고 있지만, 떼를 지어 다니고 몸을 뒤덮은 비늘로 지금까지 살아남았습니다. 만약 정어리가 본인의 존재를 하찮게 여기고 생존을 포기했다면 지금의 정어리는 존재하지 않았을 것입니다. 어찌 보면 그 작은 몸으로 지금까지 생존해온 그들이 기특하게도 느껴집니다. 이처럼 우리나라의 교육에서도 낮은 성적의 학생들을 위해 여러 학습 프로그램을 마련하고, 정어리가 무리를 지어 함께 협력하여 살아가는 것처럼 학생들이 협력의 덕을 키울 수 있는 방향으로 인도하며, 정어리의 비늘과 같이 건강한 신체를 갖출 수 있도록 도와 학생들의 지, 덕, 체를 모두 충족시킬 수 있도록 도와 그들이 사회에서 정어리와 같이 살아갈 수 있도록 방향을 잡아주는 교육을 시행하고 있습니다. 정어리와 같은 학생들이 더 넓은 바다에서 헤엄치기 위해선 더 나은 교육과 막대한 예산이 아닌 이러한 교육을 제대로 시행할 줄 아는 교사의 역할이 훨씬 중요하다는 말입니다. 정어리의 탄탄한 비늘보다 그들이 무리 지어 다니고자 하는 욕구를 심어주고 본인의 존재를 하찮게 여기지 않아 생존을 포기하지 않도록 돕는 역할이 중요하다는 것입니다. 그들의 노력으로 비로소 학교는 진실한 전인교육의 실천지로 거듭나며 아이들에게 더 넓고 아름다운 세상과 우리가 처음 사회에 발을 디뎠을 때 느꼈던 감동 그 이상을 선물할 겁니다.

저 역시 사회를 볼 줄 아는 국어 교사가 되어 학생들이 그들 자체로 밝은 사회의 빛나는 사람이 되어 사랑받을 수 있도록 돕고 싶습니다. 문학을 통해 아름다운 세상과 비참한 현실을 느끼며 더 넓은 사회로 발을 뻗을 기회를 만들어주고 싶습니다. 교사가 된 제가 가르친 학생들이 사회로 한 발 내디뎠을 때, 꾸며진 모습이 아닌 그들만의 능력으로 인정받을 수 있는 세상이 오리라 기대하며 오늘도 책상 앞에 앉았습니다. 완벽하진 않지만 정말 아름다운 사회가 그들을 맞이하리라 믿습니다.

결혼이라는 기적

박시은(대전)

 결혼을 하고 좋은 점 중에 하나는 굳이 약속을 잡지 않아도 일상을 함께할 수 있는 친구가 생겼다는 것입니다. 꼭 같이 무언가를 하지 않아도 같은 공간에서 시간을 보낸다는 것만으로 마음이 여유롭고 따듯해집니다. 제가 주방 한편에서 이 글을 쓰고 있는 지금도 남편은 거실 쇼파에 앉아 책을 읽고 있습니다. 결혼을 한지 벌써 3개월이 넘었지만, 아직도 유부녀라는 칭호로 저를 소개하는 것은 낯설기만 합니다.

 저와 남편의 만남은 제법 드라마 같은 구석이 있습니다. 벌써 3년이 다 되어가는 이야기입니다. 그때 저는 마음이 많이 허했던 거 같습니다. 바깥세상은

뜨거운 여름인데 저만은 겨울 같아서, 주말마다 소개팅 자리를 잡았거든요. 아무리 소개팅을 해도 제 마음을 탁, 하고 건드리는 사람은 잘 없었습니다. 좋은 사람은 많아도, 마음에 울림을 주는 사람은 찾기가 어려운 법이라는 걸 깨달았습니다.

그날이 속으로 '정말 마지막이다.' 생각하고 나간 자리였습니다. 그 자리에서도 글쎄요, 분명 사람은 좋은 것 같은데 이상하게 대화가 겉으로 뱅뱅 돌았습니다. 어색하게 인사를 마치고 집으로 터덜터덜 걸어가는 길에 남편을 만났습니다. 쭈뼛쭈뼛 다가와 연락처를 묻던 남편의 모습과, 그때 했던 말이 지금도 또렷하게 생각납니다.

"저, 소개팅 하시는 거 봤는데, 그냥 보내면 너무 후회할 것 같아서요."

모자를 푹 눌러쓰고, 마스크까지 써서 얼굴은 잘 안 보였지만 조금 떨리던 목소리가 왠지 나쁜 사람 같지는 않았습니다. 언뜻 보이는 하얀 피부가 제 취향이기도 했고요. 그날 연락처를 주고받은 우리는 금세 가까워졌습니다. 알고 보니 남편은 저보다 일곱 살이 더 많았고, 교사였습니다. 처음에는 나이 차이 때문에 조금 고민을 하긴 했지만, 세상의 나쁜 일은 하나도 모를 것 같은 남편의 맑은 눈을 보면 그런 걱정은 한순간에 사라졌습니다.

남편은 아이들을 위해 진지하게 고민하고, 또 공부하는 사람이었습니다. 저한테는 그 모습이 반짝반짝 빛나보였어요. 남편은 제 글의 첫 번째 독자이기도 합니다. 남편은 제가 오랫동안 마음 속으로만 품고 있던 작가의 꿈을 다시 꺼낼 수 있게 도와주었습니다. 평소에는 비평가 같은 남편이 제 글을 읽을 때만큼은 인심이 좋아집니다. 무한한 지지와 애정을 보내주는 1호 독자가 있기에, 저는 오늘도 이렇게 글을 씁니다.

생각해보면 참 기적과 같은 일입니다. 전혀 다른 환경에서 전혀 다른 삶을 살고 있던 저와 남편이 그 날, 그 시간, 그 거리에서 만났다는 것이 지금도 믿겨

지지 않습니다. 그 기적을 가능케 한 남편의 용기에 감사하는 마음입니다. 기적이라는 것은 우리가 인위적으로 만들어낼 수 없는 수많은 우연이 모여서 만들어지는 것이겠지만, 그 우연이 다 모여서 기적이 되기 직전에 우리의 용기가 한 번은 꼭 필요한 것 같습니다.

사랑하는 사람을 만나, 행복한 가정을 꾸리는 것은 저의 오랜 소망이었습니다. 저의 오랜 소망을 기적처럼 다가와 이뤄준 남편과 함께, 지금 또 다른 기적을 기다리고 있습니다. 남편과 저를 반반 닮은 아이가 따듯한 계절, 문득 피어나는 봄꽃처럼 다가와주기를 바라면서 글을 마칩니다. 오늘, 여러분에게도 따듯한 기적이 일상에 스며들었으면 좋겠습니다.

진도군 지산면 해태바위

이동원(진도)

 창문만 열어도 푸른 바다가 보이고, 출렁이며 다가오는 파도 소리가 귀에 들리는 곳, 문을 열고 몇 걸음만 걸으면 바다가 닿는 곳… 더구나 일몰 포인트로 '서해안 3대 낙조'로 이름난 세방낙조를 마당에서 볼 수 있는 곳이니, 마당 끝이 바다로 이어진 펜션에서 지내는 일은 매일매일이 여행지에서 지내는 것 같은 즐거운 일이다.

 고동을 따기도 하고 철따라 톳이나 가사리를 채취할 수도 있으며, 마당에서 낚싯대를 드리우면 돔이 잡히는 곳이니, 먼 데 있는 여행지를 부러워하지 않아도 되는 곳이다. 펜션에 드나드는 손님마다 도

착하면 확 트인 바다뷰에 탄성을 지르고, 떠날 때면 부러움의 감탄사를 놓고 가는 곳이다.

하지만 더할 나위 없이 멋진 이곳이 안타깝게도 해마다 물 피해를 입곤 했다. 여름철 폭우가 내리면 도로에서 내려오는 물이 길옆 둑의 토사를 내려앉게도 하고, 겨울이면 거센 파도에 마당이 패이기도 하는 등 심심찮게 피해를 입고 복구하느라 어려움을 겪어왔다. 여러 해를 지나오며 반복되는 물 피해를 겪어오던 어느 해, 평소 알고 지내던 지인이 우연히 마당 한구석에 있는 커다란 바위를 유심히 바라보더니 형상이 예사롭지 않다며 크레인을 가져와 바위를 들어 세워보라는 제안을 했다. 마당 한 귀퉁이에 있던 바위는 물걸레를 널어두거나 잡동사니를 올려두던 곳이었다.

볼품없이 자리하고 있던 바위를 크레인으로 들어올려보니 무언가 닮은 듯한 모습이 드러났다. 워낙 덩치가 큰 바위라 어디에 두어야 할지 고민하며 이곳저곳에 배치해보는 중, 바다 방향으로 두는 순간, 그저 걸레를 널어두던 하찮은 바위에 불과했던 것이 늠름한 해태의 형상을 띠고 있었다는 것을 알게 되었고, 그 자리에 있던 모든 사람들이 만장일치로 바다 앞에 두고 물로부터 마당을 지켜주는 힘을 기대해보자며 농담반 진담반의 이야기를 나누었다.

그런데 농반진반의 기대가 실제가 되었는지… 그 후로부터는 해마다 반복되어오던 물 피해를 겪지 않고 지나오고 있다. 더 이상 길가의 토사가 무너져 내리는 일도 없고, 바닷물이 넘쳐서 마당이 패이게 하는 피해로 마음을 졸이고, 복구하는 수고를 반복하는 일도 겪지 않고 있다.

단순한 자연물에 불과한 바위가 무엇을 해주었다 말하긴 다소 무리가 있을지 모르겠으나, 공교롭게도 버려져 있던 '해태바위'를 일으켜 세워, 바다 앞에 둔 후로는 해마다 겪어오던 큰 피해를 겪지 않게 되니, 과학적 개연성은 없다 해도, 해태상 앞을 지날 때마다 미소로 바라보게 되고, 노을이 질 때면 괜스레 지는 해를 사이에 두고 '해태바위' 앞에 서보기도 한다.

"모든 게 잘 될거야!"라고 기대하며.

영 시니어에 피는 꿈 강사

양영선(안양)

 '기적' 하면 무엇이 떠오르는가? 사람마다 다를 테다. 힘든 과정보다는 좋은 결과에 먼저 주목이 간다. 기적을 바라지만 나와는 무관하다고 생각하기 쉽다. 과연 그럴까? 내가 여기까지 이만큼 살아온 것이 어쩌면 기적이 아닐까? 앞날이 힘들어도 지금처럼 잘 살아갈 나를 믿으니 내가 바로 기적의 주인공 아닐까? 이렇게 생각하니 인생이 감사하다.

 영 시니어는 청춘이다. 겨울 파도를 헤쳐 봄 육지에 올라선 느낌이다. 기다리지 않았던 회갑을 전후해 삶이 기적같이 바뀌었다. 불안과 고통 속에서 인생에 도전장을 던졌고 변화와 성취로 일상을 회복하고 있다. 오늘이 감사, 내일이 희망이다. 돌아보는 1막 인생, 후회는 없어도 더 이상 이렇게는 살 수가 없었다. 의무와 책임에서 좀 벗어나고 싶었다. 그런 와중에 어깨 수술로 몸과 마음이 힘들었고 코로나로 일과 수입까지 멈췄다. 아파서 외출이 안 되고 잠을 못 잤다. 벗어나고픈 욕구는 좌절이 반복되었다. 간신히 붙잡은 '베이비부머 지원센터'의 배움을 계기로 내 인생을 찾아 나섰다. 시니어 모델, 작가, 강사, 문화 기획자에 도전하며 빛을 향했다.

'시니어 모델' 교육생을 뽑는 공고를 보고 계획 없던 일이지만 용기를 냈다. 모두 선망하는 멋있는 걸음을 한번 배워보고 싶었다. 4:1의 경쟁률을 뚫고 합격해 6개월을 열심히 걸었다. TV 인터뷰에 나오고 백화점 패션쇼 런웨이에도 섰다. '불꽃처럼 작렬하자'라는 각오로 했던 무리한 연습 탓인지 예상 못 했던 치핵이 돌발해 고생했다. 수술 상황에 갔지만 찜질로 고통을 감수하며 극복했다. 모델 도전으로 몸매와 걸음걸이 거울 앞에 서는 자신감을 얻었다. 화려한 조명과 카메라 셔터 소리, 관객의 열기는 지금도 살아있어 삶을 이끈다.

인생 글쓰기로 나를 보살핀 적이 있다. 자녀들이 성장해 나간 뒤 허전함으로 '자녀교육 책 쓰기'에 도전했다. 잘 풀었던 원고가 증발하는 스트레스로 과민 대장 증후를 만나 책 쓰기 노선을 변경했다. 도전하는 삶을 적은 글이 당선되어 책이 되어 나왔고, 그 여세를 몰아 문예지도 노크했다. 저자 증정용 수필 책을 받던 순간의 기쁨은 또 다른 글쓰기로 이어지고 있다.

장애 인식개선 강사에 도전했다. 못할 것만 같았던 교육을 마치고 초·중학교에 강의를 시작했다. 50년 나이 차를 넘는 소통의 감격이 꿈만 같다. 기념사진 찍기에 잘 나오려고 몰려드는 환대와 자기 먹을 과자를 건네는 순수한 사랑은 달리 표현할 말이 없다. 나는 무엇을 어떻게 보여줄까? 따스한 사랑으로 미래세대가 꿈을 이루도록 돕고 싶다. '직장인 장

애인식 개선 전문 강사' 과정으로 영역을 넓혔다. 일터의 장애인식과 고용 환경이 나아지도록 할 사명에 가슴이 뛴다.

또 '시니어 신문 기자' 교육을 마치고 기자가 되었다. 사실을 빠르고 정확하게 진실을 밝히는 나의 노력으로 독자의 눈과 귀가 열렸으면 좋겠다. 액티브한 시니어 기자로 마음 온도를 높이는 사회적 역할을 잘 감당하고 싶다.

꿈을 향한 끝없는 도전과 성취의 기쁨을 전하고 싶다. 망망대해에서 자신을 간절히 찾는 이의 친구가 되고 싶다. 고난 중에 마음을 따라 책 읽고, 시니어 지원센터를 두드린 여정을 나누고 싶다. 고통만큼 뿜는 열망도 거세다. 문제도 답도 내 안에 있음을 발견한다. 바깥 나와 속 내가 하나 되면 그게 행복이요, 나의 실현임을 깨닫는다. 코로나 팬데믹에 격리되지 않고 지나온 일상도 바로 기적임을 알았다.

또 다른 기적을 만들 '진도 바닷길 축제'를 기대한다. 사랑이 꽃피울 감사와 희망 축제를 마음에 담는다. 내 작은 강사의 꿈이 봉사로 꽃 피길 소원한다. '바닷길 한마당'에 심는 모두의 새 소망이 기적으로 열매 맺기를 바란다.

내가 만들어가는 기적

유수빈(진도)

 나는 오늘도 기적을 바란다. 보통 사람들처럼 각각의 마음속에 기적이 일어나길 바라며 살아간다. 기적이라 함은 아주 희박한 가능성을 가진, 사실상 이뤄지기가 어려운 것을 기적이라 말하며 그것이 내 삶에 일어나길 절실히 바란다.

 그러나 나는 더 이상 그런 기적을 믿지 않는다. 아니, 바라지 않는다. 내가 기적에 대한 생각을 바꾸게 된 것은 얼마 되지 않았다. 예전의 나는 로또 당첨, 누구나 부러워할 직업 갖기 등 터무니 없이 희박한 확률의 것들을 바라왔고, 기적이 일어나길 바랐다.

절실히 바라다보면, 내 발 앞에 기적의 순간들이 있는 것 같아, 기적이 일어난 후의 나의 모습을 상상하곤 했다. 그러다 다시 현실로 돌아올 때의 그 허무함은 일어났던 기적을 한순간에 빼앗긴 느낌이다. 말로 표현할 수 없다. 상상 전의 나와 상상 후의 나의 모습은 하나도 변한 게 없음에도 불구하고 말이다.

 허무함을 느낀 순간, 텔레비전에서 나오는 소리가 조금씩 나에게 들리기 시작했다. 신비의 바닷길 축제를 홍보하는 홍보 영상이었다. 평소라면 그냥 보고 넘겼을 영상이었겠지만, 허무함 끝에 보게 된 그 영상은 나에게 잊을 수 없는 순간이었다.

 '모세의 기적'이라 불리는 신비의 바닷길,
 매년 바닷길이 열리는 신비의 바닷길,
 그렇다!
 신비의 바닷길의 모세의 기적은 매년 일어나고 있었다.

 그때부터 나는 기적의 뜻을 달리 정의했다.
 어려울 순 있지만, 노력한다면 이룰 수 있는 것이라고.
 가능성이 희박하지 않고 매년 이룰 수 있는 기적도 있다고 말이다!

 허무함 없는 기적이 모든 사람에게 이루어지길 바

라며, 나는 오늘도 기적을 바란다. 예전의 나와 다르게, 보통 사람들과 다른 기적을 바라며 오늘 하루도 열심히 살아간다.

동행

이병열(서울)

 동행은 어떤 물리적인 힘보다도 큰, 헤아릴 수 없는 막대한 힘을 발휘한다. 다만 내 곁에 함께 있다는 사실만으로도 불안한 마음을 단단히 붙들어 매주고, 단 몇 마디에 불과한 말에 상대방의 마음을 움직이며 감동을 선사하고 다시 일어서게 하여, 결국 한 사람의 꿈을 이루게 할 수 있다. 하나 더하기 하나는 둘이 아닌, 수치로는 계산되지 않는 무궁무진한 긍정의 에너지와 따뜻한 온기가 하나 더하기 함께라는 어울림에서 피어오른다.

 살다 보면 모든 것을 내려놓고 싶은 시간이 찾아올 때가 있다. 심신이 지쳤던 하루. 퇴근을 어떻게 하

였는지 기억조차 나지 않을 정도로, 황량한 들녘의 허수아비처럼 몸과 마음은 텅 비어 있는 듯 집 현관을 힘없이 들어섰고, 그러한 모양새로 힘없이 소파에 풀썩 주저앉았던 그날. 오랜 세월 동고동락한 아내는 내 안색을 한눈에 살피고 역시 눈치 빠르게 나에게로 다가와 근심과 궁금함이 가득한 눈으로 그 연유를 물었다. 나는 그제야 봇물 터지듯 그간의 사

연을 아내에게 쏟아냈다.

내 옆을 지키며, 험난하기만 했던 그날의 스토리를 듣고 내 마음의 병을 절감한 아내의 짧은 몇 마디는 사방이 보이지 않는 칠흑 같은 내 마음에 한 줄기 빛이 되었고, 깜깜하기만 한 앞날을 환히 비추는 등대가 되었다. 한참을 듣고 나서 아내는 씩씩하게 입을 열었다.

"괜찮아. 다 그런 일도 겪으면서 다시 해보는 거잖아. 누구나가 다 겪는 일인데 뭐…."

어찌 보면 살아가다 흔히 말하고 듣는 상투적인 내용일 뿐인데, 당시의 황폐한 마음 탓이었는지 그때 그 말은, 차가웠던 몸이 따뜻한 물 한 잔에 녹듯 스며와 응어리진 가슴을 어루만져주는 기분이었다.

나와 함께하며 내 하소연을 오래도록 들어주고, 힘이 되는 몇 마디를 해줄 수 있는 아내가 있다는 사실에 나는 내 삶의 소중한 사람들에게 감사한 마음을 더 깊이 품게 되었다. 그날 아내의 격려에 힘입어 실패를 두려워하지 않는 강심장을 가질 수 있었고, 그것이 동력이 되어 희망하던 일을 이루어냈던 것은 지금 떠올려봐도 꿈만 같고 달콤한 추억으로 남아있다. 지난날을 이야기하며 아내와 나는 빙그레 미소를 서로 주고받는다.

삶의 희로애락을 함께 나눌 사람이 곁에 있다는 것은 크나큰 기쁨이다. 삶의 여정에서 동행하며 기쁨을 함께하고 슬픔을 나누고, 서로에게 힘과 용기를 북돋아 주어 더 희망찬 꿈을 향해 발돋움한다. 오늘도 나는 아름다운 동행을 꿈꾼다.

마음먹기에 따라 운명이 좌우된다

임다혜(안산)

　나의 소망과 삶의 기적을 이야기하기 앞서, 내가 살아온 삶의 경험을 바탕으로 나의 짧지만 굵은 삶을 살아온 나의 인생철학을 이야기하고 시작하려 한다. 나는 인생은 생각하기에 따라서 그리고 마음먹기에 따라서 운명이 좌우된다고 생각한다. 모든 인생의 출발점에서의 환경과 조건은 모두 다 다르다. 그러나 자기가 원하는 대로 할 수 있는 것은 마음과 생각뿐이다.

　생각을 보통으로 하는 사람은 '생각은 별것도 아니다' 하지만 생각을 극적으로 사용하는 사람은 '생각으로 많은걸 바꿀 수 있구나'라고 한다. 생각의 차원을 높이면 새 같이, 비행기 같이 날면서 산다. 생각을 안 하거나 사는 대로 살아가면 세상을 쳐다보며 쾌락, 향락 불의한 것들을 생각하게 된다. 고로 사람에게는 생각이 '핵'이라고 나는 생각한다.

또 흙을 가지고 도자기로 만들지 않으면 흙으로 끝나듯이 사람도 자기를 변화시키지 않고 만들지 않으면 그대로 살다가 삶을 마감한다. 고로 인생을 살면서 반드시 자기 자신을 변화시키고 만들어야 한다.

쌀, 보리, 밀, 수수, 조, 각종 콩, 팥 등 곡식들을 보면 그 개성대로 각각 모양도 다르고 특성도 다르다. 그리고 맛도 다르고 영양가도 다르다. 고로 이 곡식이 저 곡식을 대신하지 못한다. 사람도 마찬가지다. 지구촌에 살고 있는 77억 명의 사람들과 과거에 태어났던 사람들 또 앞으로 태어날 사람들 모두 개성의 왕이다. 모든 사람들은 자기만의 개성과 재능이 있다. 고로 남의 것과 나의 것을 비교하며 저울질 하는 것이 아니라 나의 개성과 재능을 개발하여 자기만의 빛을 발하는 것이다.

　내가 바라는 소망과 이루어진 기적을 이야기해보면 나는 남들보다 부유한 집안에서 태어나지 않았고 공부도 잘하는 편이 아니었다. 많은 고민과 어려움 끝에 나는 마음을 달리하기로 결심했다. 내가 바꿀 수 있는 건 내 마음 그리고 생각뿐이니까, 나는 불가능한 상황에서도 감사하는 마음으로 어려움을 헤쳐 나간다면 기회를 만날 수 있다고 생각하였다.

포기하고 싶은 마음도 고통도 있었지만 생각을 바로잡아 나의 소망을 향해 한걸음씩 나아갔다. 그러니 나의 생각과는 다른 곳에서 기회라는 게 주어지기도 하고 나의 굳은 계획이 아니더라도 희망을 품는 유연한 사고를 가지면 기회를 볼 수 있다고 생각했다.

그 결과 난 내가 원하는 걸 이루었고 이루고 있고 더 이룰 것이다. 많은 돈을 들여야 입학과 졸업이 가능하다는 미대를 돈 몇 푼 안 들이고 원하는 대학에 입학하여 다니고 있고, 내가 남들을 부러워한 마음을 가지고 산 과거랑 달리 지금은 나의 삶을 부러워하는 사람들이 많아졌다. 또 책임분담과 노력으로 재능도 가꾸는 거라고 생각하여 나의 실력과 재능 또한 매일 가꾸며 연단하는 중이다.

아직 인생을 반도 안 살아본 나지만 난 나의 생각과 가치관을 실천한 결과가 나의 삶을 바꾸었다고 생각하여 꿈과 소망을 가진 청소년들과 삶을 두고 고민하는 많은 사람들에게 나의 마음을 그리고 생각을 그리고 꿈을 나누어 주고 싶다.

 타인의 눈 속의 나는 아직 어설픈 20대지만 더 나를 변화시켜가는 과정이라고 생각하고 포기하지만 않는다면 사람들이 바라는 삶이 아닌 내가 바라는 삶을 일구어 낼 수 있다고 생각한다.

 마지막으로 이 글을 읽어주신 모든 사람들에게 희망이란 존재하며 자신이 바라는 꿈 그리고 소망하는 것을 이루고 빛나는 미래가 그려지기를 마음모아 기도한다.

내가 걸어가는 문학의 바닷길

최형만(순천)

　인터넷에서 어쩌다 내 이름을 검색해 본다. 그렇게 몇 편의 작품이 내 이름으로 보일라치면 보는 사람이 없는데도 나는 또 달뜬 표정이 된다. 그도 그럴 것이 평생을 꿈꿨지만, 오랫동안 갈 수 없는 길이었다. 일년에 한 번 길이 열린다는 진도 신비의 바닷길도 문학 앞에서는 예외일 만큼 문학은 쉽사리 길을 내주지 않았다. 그런 와중에 친구들과 처음으로 진도의 '운림산방'을 찾았던 날을 기억한다. 안내문에는 남종화의 대가인 소치 허련 선생이 말년에 그림을 그렸던 화실이라고 했다. 시(詩), 서(書), 화(畵)에 뛰어나 삼절(三絕)이라는 칭송을 받는 그의 생애를 살피면서 나는 비로소 잊고 산 꿈을 다시 꾸기로 했을 것이다.

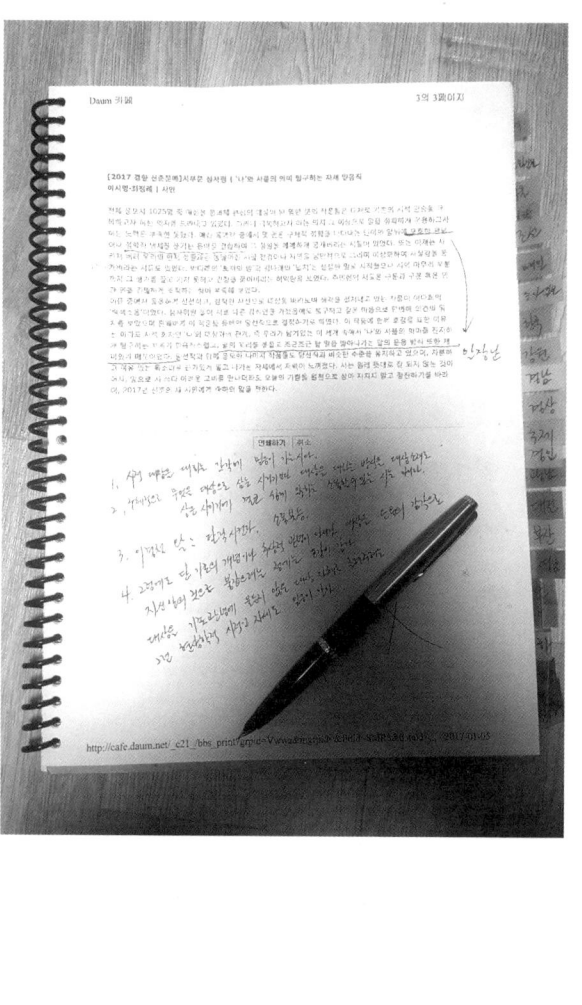

문학을 몇 줄의 문장으로 정의한다는 건 지금의 나로선 여전히 버거운 일이다. 어쩌면 오랜 시간이 지날지라도 그에 대한 그럴듯한 대답조차 못 할지도 모르겠다. 하긴, 이는 이름난 유수의 문인일지라도 그리 쉽게 말할 수는 없을 것이다. 그 이유를 따지고 들자면 막막한 노릇이지만, 지금의 나로서 짐작해 보자면 일단 손에 잡히는 형체로서가 아닌, 무형의 것에 대한 애착과도 같기에 그렇지 않을까, 싶을 뿐이다.

어린 시절 누구나 한번쯤은 문학을 꿈꾼다지만, 현실은 우리에게 꿈만으로는 살 수 없는 거라고 끊임없이 가르친다. 더구나 나이 쉰에 글을 쓴다는 건 누가 봐도 말릴 일이지, 권할 만한 일은 아니다. 그럼에도 불구하고 문학이라는 이름은 언제나 나를 들뜨게 했으며, 꼭 한번은 가고 싶은 길이었다. 해질녘 노을에서나, 바람이 불어올 때, 혹은 잿빛 하늘을 나는 새를 볼 때면 이내 가슴이 사무치곤 했다. 물질적으로 아무런 보탬이 없음에도 마음이 부푸는 기분, 그렇다면 나는 그 사무침의 진심을 알기까지 굽이굽이 돌아온 셈이다.

언젠가 어느 매체의 인터뷰어가 이문열 소설가에게 문학의 이유를 물었을 때였다. 그때 그는 자신이 헤엄쳐서 갈 수 있는 가장 가까운 곳이 문학이었다고 했다. 당시 꽤 멋진 표현이라고 여기면서도 나는 '문학은 마음의 치유'라거나, 혹은 거창하게 '나의 존재 이유', 혹은 '구원의 방식'이라는 멋진 대답을 상상했다. 지금 이 순간 누군가 내게 같은 질문을 한다면 '헤엄쳐 갈 수 있는'이 아니라 '헤엄쳐 가고 싶은' 곳이라 말할 것 같다. 아닌 게 아니라 문학적인 삶은 실제로 마음의 치유였고, 나를 오롯이 드러내는 방식이었다. 비록 젊은 날의 떠들썩한 기운은 옅어졌다지만, 문학은 여전히 지금을 견디게 해준다는 점에서 나의 가장 변화된 일상이 아닐까 싶다. 글을 쓰는 행위는 스스로에 대한 위로거나 욕망의 배설일 수도 있지만, 무엇이든 쓰는 행위 그 자체만으로도 내겐 더없이 유용했으니까.

가치 판단의 기준이 경제적 부나 실용성이 대세인 자본주의 사회에서 돈으로 측정되는 꿈의 값어치란 극히 미미해 보일지도 모르겠다. 그러나 내가 지금껏 살아오면서 내적으로 겪었던 상실감에서 새로운 가능성을 찾아내기까지, 문학은 다른 무엇으로도 대체할 수 없는 것이었다. 수전 손택의 말처럼 내게 문학은 자유였으며, 카프카가 펠리체에게 보낸 편지에서 적은 것처럼 나를 견뎌내게 하는 힘이었으며 위로였음을 이제는 안다.

올해 '진도 신비의 바닷길 축제'가 코로나19 이후 첫 대면행사로 개최된다고 들었다. 그런 점에서 지난날 '운림산방'을 찾을 때와는 또 다른 희망을 꿈꾸기에 더없이 좋은 기회일 듯싶다. 그날 내가 걸어가는 문학의 바닷길이, 꼭 그만큼의 행복이길 다시 한번 소망해 본다.

진도대교 위에 석양이 질 때

김둘(대구)

2020년 2월, 코로나로 인해 전 세계가 아수라장이 되어 가고 있었다. 사람들이 마스크에 의지해 살아가는 나날이 시작될 즈음 나는 더 이상 늦추어서는 안 된다고 생각하고 급히 짐을 꾸렸다. 전남 진도 명량해전의 현장, 울돌목으로 가자! 사람들이 외출을 자제하는 가운데 대구 사람들을 꺼려하던 시절이었다. 그럼에도 불구하고 그때를 놓치면 안 되겠다고 생각했던 것은 코로나가 주는 폐쇄적 삶이 울돌목으로 향하는 발걸음을 오랫동안 붙잡을 것 같다는 예감에서였다.

그렇게 떠났던 진도. 그 바다 위에 서서 얼마나 가

슴 떨었던가. 그 옛날 이 바다에서 싸웠던 조선 수군들의 원혼을 달래주고자 했던 나는 울돌목 앞에서 그날의 전쟁을 생각했다. 충무공의 목을 베리라 장담하던 왜군의 수장은 맹렬히 울돌목을 향해 왔다. 그는 일본 해적 두목이었다. 쿠루시마. 나는 울돌목의 우는 소용돌이 앞에서 그토록이나 이순신을 이길 수 있으리라 장담했던 그들의 바다가 어떤 것이었는지 궁금하지 않을 수 없었다.

지나가는 배들이 거친 파도 앞에서 맥을 추지 못할 때 해적선이 달려든다. 거친 바다에서 속수무책으로 당하는 이들 앞에 해적들은 더욱 기고만장해진다. 그때 일본 조정에서 그들에게 도움을 청한다. '조선 출정'이라는 목표, 이순신을 무찌르면 부귀영화가 따르리라는 암묵적 대가가 주어졌으리라. 그리하여 해적 두목이 장군으로 돌변하여 울돌목으로 진격해 왔다. 울돌목에서 그들을 기다리며 죽으면 죽으리라 결심했던 이순신장군과 조선 수군들은 마치 울돌목에서 그들을 참형하지 않는다면 조선을 잃는 것

이라 생각하고 결사항쟁의 칼날을 세웠다. 그렇게 이 진도 앞바다에서 역사에 길이 남을 그날의 전쟁이 시작되었던 것이다.

진도와 해남을 사이에 두고 있는 진도대교 위에서 울돌목 격랑을 바라보던 나의 기도는 이런 것이었다.
'그 해적의 본거지 쿠루시마 해협으로 저를 인도해 주소서. 조선 땅을 업수이 여기고 막무가내로 쳐들어온 해적들의 그 바다로. 그리하여 울돌목의 바다가 어떻게 치욕을 안겨주었는지, 패잔병의 비참한 역사를 안고 비통함을 안고 어찌 돌아갔는지 깊이 아로새기게 해 주소서.'

2023년 1월 22일, 새해 첫날 나는 일본 에히메현에 있는 이마바리 역을 향해 갔다. 그곳에 에히메현에서 태어난 자란 일본인 청년이 나를 기다리고 있었다. 우연히 않게, 운명처럼 나는 진도 울돌목을 향해 진격했던 쿠루시마의 본거지, 그 바다 위 연륙교 횡단을 시작했다. 바다는 진도의 물결보다 거칠었다. 쿠루시마 해협 전역에 걸쳐 파도의 흐름이 곱지 않았다. 여러 군데서 회오리의 물결이 일어났고 거품이 쉴 새 없이 일어나고 있었다. 과연 쉽지 않은 바다였다. 이 바다를 지나가며 누가 두려움에 떨지 않았으랴! 그 누가 이 바다의 포효 앞에 태연할 수 있었으랴! 파도로 인해 공포에 떨던 사람들 앞에 나타난 해적 쿠루시마들. 그의 칼날 앞에 무참히 쓰러졌던 수많은 생명의 안타까운 비명들이 어찌 가벼울 수 있으랴.

해적들의 칼날이 조선을 향했을 때 누구도 감히 그들과 대적할 수 없었을 터, 그러나 진도 앞 바다 울돌목의 그 바다는 그들 앞에 당당했으니 충무공 이순신은 진도 바다의 충정을 가슴에 깊이 아로새겼으리라. 가슴 떨리는 쿠루시마 해협의 연륙교 횡단! 이 꿈같고 아침 이슬 같고 천둥 번개와도 같은 기적의 순간! 세토내해를 바라보며 끝없이 휘도는 쿠루시마 해협의 아득한 거친 물결을 바라보며 이 일이 어찌 꿈이 아니랴, 몇 번이나 되뇌어 보았다.

어쩌면 해남과 진도 바다 진도대교 위에 석양이 질 때 울돌목을 내려다보던 기도의 간절함이 꽃잎처럼 울돌목에 떨어진 조선 수군들의 영혼 깊은 곳까지 전해졌던 것은 아닐지….

사(死)의 현장에서

김병찬(청도)

그 길은 음력 2월 그믐께 기적을 일구어 내리는 자연의 섭리에 따르는 길이다. 영혼이 하늘로 올라간 길 따라가신 뽕할머니가 걷지 못했을 길은 사람과 사람을 연결해주고 신비를 담았다. 죽어도 여한이 없을 기적이 이루어지던 때, 그때를 맞추어 사람들은 징과 꽹과리를 들고 지금도 그 길을 걷게 하고, 시간이 되면 닫는다.

어느 해 그 길을 바라보며 바닷가에 서 있었다. 비록 닫힌 길이였으나 멀리 모도에서 안타깝게 아우성치던 먼저 건너간 호동마을 사람들의 손짓을 보는 듯. 짙푸른 초목이 바람에 살랑이고 있었다. 그들에게 소원을 빌어보았다. 인생의 중년에 다다른 개인적 소원이었다. 눈을 밝게 해주시고, 이빨이 다시 나게 해주시고, 죽을 때 잘 죽게 해달라는 정말 스스로 실현 불가능한 것이었다. 태어날 때 부모님께서 물려주신 눈과 이를 제대로 관리 못한 회한의 소원이야 대체 가능하였다. 안경과 틀니가 있어서다. 결코 몸은 처음으로 돌아가는 기적은 없을 것이라 알면서도. 허나, 모두 그러하듯이 불편함을 편하게 하여 살아가 보려니 여러 가지의 방편을 찾게 된다. 이제는 할 수 없이 마지막으로 바라는 소원에 근접하려 살아가고 있다.

몸의 건강을 위해 몸을 움직여야 한다는 운동이 진리가 되는 순간부터 많은 땀을 운동으로 흘러내렸다. 직장생활을 하면서 단체별 대항하는 종목 대부분을 대표선수로 출전할 정도였다. 돌이켜보면 달리기, 축구, 배구, 탁구, 테니스, 볼링 등 어쩌면 미친 듯했던 것 같다. 청년 시절은 제법 튼튼하게 보냈다. 그러면서도 운동하면 건강해지니까 말년에 가서는 수영, 골프, 승마를 해야지 하는 바람을 늘 품고 있었다. 나이가 들면서, 단체로 하는 운동의 기회가 없어지니 산을 오르는 일에 집중하게 되었다. 얼마 동안을 잘 다니다가 하산 길에 무릎 통증을 느끼며 그조차도 그만두었다. 몸이 상할 대로 상하였든가 의문시될 때 닥쳐온 것은 물을 더 많이 먹어야 한다는 의사의 일침이었다. 우리들의 몸을 잘 돌보는 의사들의 일침은 어떤 때라도 무서웠다. 물을 많이 먹는 방법은 땀을 흘리는 운동이라 착각을 한 노년에 새로운 운동을 접하였다.

실내에서 해야 하는 배드민턴을 하기 시작한 것이 오십 대 중반부터였다. 그렇게 격한 운동인 줄 몰랐다. 숨이 붙어있는 한 미친 듯 나이를 무시하고 뛰었다. 몸이 잘 움직였으니까 움직이는 대로 움직였을 뿐인데. 한여름의 어느 날, 기적을 보았다. 나뿐만 아니라 그날 같이 운동하던 동료들과 소방구급대원들과 병원 관계자들이 바라보는 가운데서 일어난 극히 드문 기적이었다. 심정지(心停止). 그날 배드민턴 경기 중에 나는 눈을 감았다. 숨을 멈추었다. 쓰러졌다. 그리고는 기억이 없었다. 차차 아무 일 없었던 듯이 눈을 떴다. 숨을 쉬고 있다. 지금은 여러 사람에게 기적이라는 말과 운이 좋다는 말들을 수시로 듣고 있다. 더 이상 어떻게 세상에게 고마움을 표하겠는가. 이제는 더 이상의 소원이 없어도 되지 않겠는가. 오늘도 그때 바라본 바닷가에서 빌었던 것을 마음속에 두고 이 글을 남겨본다.

사(死)의 현장에서

심장이 멎는다고 죽지는 않더이다,
흩어져 운동하던 산 사람 모이더니,
가슴에 두 손 모아서 압박하면 깨려나
다시금 전기충격 손 바쁜 구급대원,
모였던 사람들의 애절한 시선들이,
생과 사 전후좌우를 순식간에 깨치고
스산한 사(死)의 현장 구급차 빠져나가,
멈췄던 시간이 뒤따라 밀려오면,
인간은 제 나름대로 죽다가도 깨더라.

흙과 함께 살리라

목명균(김포)

나는 높고 찬란한 것을 사랑한다. 번쩍이는 도시 속에서 많은 사람이 바삐 움직이는 모습을 보면 활기가 느껴진다. 멀리 떠나야만 만날 수 있는 자연보다는 빌딩 숲, 그 어떤 휴양지보다도 호텔 객실과 레스토랑이라면 더없이 행복할 수 있다. 여기까지가 내가 대외적으로 하는 이야기다. 사실, 내가 황량한 들판에 부는 맑은 바람보다 한겨울 건물 사이를 가르는 바람을 견뎌내기가 더 쉬운 진짜 이유는, 복잡함 가운데 처하면 슬픔이 번져서 옅어지기 때문이다.

빌딩이나 아스팔트보다 흙이 의식주처럼 사람과 밀접한 관계에 있는 건 사실이다. 아빠의 무덤 위에 잔디가 숭숭 빠져나간 모습을 볼 때면 봉분을 대리석으로 바꾸고 싶다는 생각도 하지만, 또 하나의 예비 된 무덤 주인으로서 자연의 일부이기를 원하는 본능이 일기도 하는 것 같다. 흙과 가까이 지내던 옛 시절을 살아오지 않았음에도 흙의 편안함을 몸속 DNA가 기억하는 모양이다.

내 안의 DNA가 작동한 덕분에 도시에서 위안을 받던 내가 흙의 편안함을 깨달을 기회가 생겼다. 진도 출장이 잡힐 당시, 나는 아빠를 잃고 엄마 못지않게 큰 슬픔에 빠져 있었다. 죽고 싶지는 않지만, 흙에 들어가 푹 자고 싶기도 했다. 지쳐있던 나는 출발일이 임박해서야 새벽 체크인이 가능하다는 문구에 상세내용을 읽어보지도 않은 채 숙소를 예약했다. 그 결과, 진도에서도 가장 안쪽으로 들어가 해안가를 달려야 나타나는 작은 마을에 도착하게 되었다. 한밤중 개구리 소리가 우렁찼다.

아침이 되어 숙소를 나서니 바다향이 났다. 그것

은 과하지도 않고 섞인 것이 없어 순수하고 깨끗했다. 산이 감싸고 있는 작은 바다는 안락했고, 바람의 영향을 받지 않아 평온했다. 보랏빛이 도는 남쪽의 바다와 다르게 이곳은 우유가 섞인 것처럼 뽀얀 빛을 띠었는데, 신기하게도 불투명하지 않고 안이 들여다보였다. 훤히 보이는 물속은 차지 않고 오히려 포근해보였다.

바닷가 땅은 모래라기보다는 흙에 가까웠다. 봄의 연한 연두색에서 초여름 짙푸른 청색에 다가가는 과정으로 사람에 비유하자면 청년기쯤 해당하는 것 같았다. 사람들은 흙 위에 집을 세우고, 돌담을 쌓았으며, 바닷바람을 맞으며 생명 속에 살고 있었다. 그래서인지 바닷물에 파장이 일지 않았고, 나뭇잎이 흔들리지 않았다면 마을 전체가 멈추어 있는 게 아닌가 착각할 정도로 평온했다. 그때 제비가 땅에 닿을 듯 말 듯 낮게 내려왔다가 빠르게 올라갔다. 나는 옆으로 주춤했다. 마주오던 할머니가 웃으며 말을 건넸는데 사투리를 못 알아들어 여러 번 물어본 후 천천히 걸으라는 뜻이라는 걸 알게 되었다.

유일하게 열려있는 식당에 앉자 주인아주머니가 옆에서 도란도란 말을 붙였다. 나는 누가 묻지도 않았는데, 아빠가 떠난 후 우리 가정에 드리운 혼란과 그림자, 그리고 그것을 이겨내려는 몸부림을 말했다.
"낮이건 밤이건 주변에 소리가 없으면 불안했어요."

그녀는 말없이 이야기를 들으며 나를 보고 있었다. 멋쩍어진 나는 이곳의 풍경이 얼마나 아름답고 평화로운지도 보탰다. 불면증에 시달리더라도 입을 닫고, 감정을 숨긴 채 제 할 일에만 집중하던 도시에서는 상상할 수 없는 일이었다. 그녀는 푹 쉬다 가라고 했다.

나는 일하는 시간을 제외한 대부분을 진도의 자연 곳곳에서 보냈다. 햇빛을 받으며 흙길을 걸었고, 꽃과 나무들의 색을 관찰했다. 바다의 들고 나는 것을 오랫동안 지켜보기도 했다. 그리고 불빛 하나 없이 캄캄한 밤이 되면 잠이 들었다. 바짝 날을 세우고 받던 정신적 스트레스와는 다르게 몸을 움직여 생기는 피로감은 기분 좋은 잠에 빠져들게 했다.

출장 마지막 날 밤이 되자 며칠간 누린 단잠이 사라지지 않을까 걱정이 되었다. 나는 침대에 누워 진도가 나에게 준 것들을 하나하나 곱씹었다. 말이 없는 자연은 그저 그 안에 서 있기만 해도 생각을 비우게 해주었다. 광활함 가운데 퍼져나가는 나의 슬픔은 너무도 작은 것이어서 금세 사라져버린다. 나는 사라져가는 슬픔의 입자들을 바라보며 잠이 들었다.

소망을 꿈꾸는 내일

민병식(안양)

　어머니가 갑자기 쓰러지셨다. 내게는 생소한 뇌경색이라는 진단을 어머니의 주치의 선생님께 들었을 때 청천벽력이었다. MRI 판독 결과를 보여주며 뇌경색은 뇌혈관이 막혀 뇌의 일부가 손상되는 질환이고 어디가 막혔는지까지 상세한 설명에 의식이 없으니 중환자실에서 경과를 지켜봐야 한단다. 어머니께 최근 어지럼증이 생기고 시야장애가 있었다. 그저 노환이겠거니 하면서 넘어간 내게 잘못이 있었다. 거기에 더하여 손 떨림과 잘 걷지 못하는 증상이 더해 파킨슨병이 의심 된다고 하여 걱정이 태산이었다. 불행 중 다행으로 어머니는 조금씩 기력을 조금 회복하셨고 한 달 만에 일반 병실로 옮겼다. 다시 한

달을 입원한 끝에 퇴원일이 다가왔다.

 문득 어린 시절 내가 아팠던 때가 떠오른다. 지금이야 의학이 발달해서 큰 병도 아니지만 마을에 변변한 병원 하나 없었던 그 시절, 난 황달이라는 생소한 병에 걸렸었다. 소변 색깔도 노랗고 눈도 노랗고 그때 어머니의 손을 잡고 기차를 타고 큰 도시에 있는 병원을 찾아 몇 군데나 다녔던 기억이 새삼 떠오른다. 의학 상식이 없었기에 이곳 저곳 병원을 데리고 다니며 오진을 피하고 여러 곳 의사의 소견을 들어보고 나서야 제일 믿음이 가는 곳을 선택하여 그 후로 몇달 간 병원에 데리고 다니셨다. 늘 나의 곁에 있었던 어머니가 이제는 그때와 장이 바뀌어 내가 어머니 손을 잡고 모시고 다닌다. 어머니는 아프신데 지금까지 회사, 아이들, 집안 일, 신경 쓸 것들이 많다고, 피곤하다고 도외시한 채 살펴드리지 못한 것에 대해 죄스러움과 부끄러움뿐이다.

 인류의 평균 수명은 점차 늘어나 이제 백세 시대

를 맞이하고 있다. 건강한 노후를 지켜주는 중심축은 개인의 건강관리와 의학의 힘이다. 뇌경색으로 인한 어머니의 입원기간 동안 너무나 감사했던 것은 좋아질 것이라고 의료진이 희망을 불어넣어 준 말 한마디였다. 그 말 한마디로 어머니도 병을 이기겠다는 의지를 다졌고 다시 건강해질 수 있다는 소망이 되었다. 이제 시작이다. 언제까지 어머니의 치료가 계속될지 모르지만 의료진의 따뜻한 보살핌과 가족의 지지가 있기에 어머니는 나을 수 있다는 희망의 끈을 놓지 않을 것이다.

살다보면 가끔 씩 원치 않는 일도 있고 감당하기 벅찬 일도 있다. 내가 바라는 행선지가 우울의 심연이 아님에도 갑작스럽게 원치 않는 일이 일어나 의기소침해지고 감정의 짙은 구름 속으로 빠져 결국 미로 속에서 헤어 나오지 못할 때가 있다. 그때 필요한 것이 희망이다. 아무리 뿌연 하늘이라도 구름을 헤치고 파란하늘이 나타날 것이라는 소망의 마음을 꼭 간직하고 살아야겠다는 생각이 든다.

밤은 깊어가고 하염없이 비가 내린다. 이 비에 복잡했던 마음을 모두 씻겨 내고 아침이 오면 활짝 웃으며 떠오르는 태양을 보고 싶다. 어머니가 건강해져서 오래 오래 사셨으면 하는 소망으로 희망의 내일을 꿈꾸는 시간이다.

고백

박경태(무안)

 고백을 받았다고 했다. 오래 알고 지낸 친구로부터.

 감정들이 오고 간 것도 아닌데, 난데없는 좋아한다는 말에 너는 당황스러웠다고 했다. '눈이 녹으면 어떻게 될까?'라는 나의 질문에 '봄이 오고 꽃이 피겠지.'라고 대답하는 너였다. 고백은 모름지기 수줍고 설레는 일이라 믿으며 여전히 낭만적이고 감상적인 사랑을 꿈꾸는 너였다. 그런데 이 남자의 고백은 너의 이상과는 너무나 달랐다. 갑작스러운 고백도 당혹스러웠지만, 좋아한다 말하는 이 남자의 눈에서 어떠한 수줍음도 찾아볼 수 없어 자못 당황스러웠다고 했다. 오히려 너무 당당하고 장난스럽기까지 해서 이 남자가 정말 자기를 좋아하는 건지 진심을 모르겠다고 했다.

"중요한 건 네 마음이잖아. 그래서 지금 네 마음은 어떤데?"

아주 잠시 설레기는 했지만, 두근거림이나 좋아하는 감정은 아닌 것 같다고 했다. 오히려 자기가 호락호락해서 그냥 툭 던져 보는 건 아닌가 하는 의심마저 든다고 했다. 그리고 혹여나 사이가 잘못되면 다른 친구들과의 관계까지도 서먹해질까 걱정된다고도 했다.

아마도 지금 네가 망설이는 건 지난 사랑의 상처가 너무 커서일 테다. 네가 아파서 서럽게 울던 날들을 기억한다. 너의 아픔은 나의 아픔보다 컸다. 엎친 데 덮친 격으로 너의 의지와는 상관없이 네게 너무 지나치다 싶은 일들이 잇따라 일어났고, 너는 많이 힘들어 했다. 못 버틸 법도 한데 그래도 너는 꿋꿋하게 시리도록 차디찬 겨울을 견디어 내었다. 그렇게 시간은 흘러갔지만, 지난 사랑의 상흔이 너를 여전히 주저하게 만드는 것 같다. 또다시 상처받을까 무서워 겁을 먹고 있는 거일 테다. 그래서 의심부터, 걱정부터 하고 있는 거일 테다.

  망설이는 너의 맘을 알 것 같다. 사실 나도 여전히 새로운 시작이 두려운 건 마찬가지이니까. 그러나 이젠 새로 시작해야 한다. 그리고 마땅히 사랑받아야 한다. 사랑 때문에 받은 상처는 사랑으로 치유받아야 한다. 오랜 친구라면 너에 대해 잘 알고 있으리라. 그래서 널 더 아껴주고 이해해주며, 보듬어 줄 수 있으리라. 수줍음 없는 고백을 못마땅해 하면서도 이렇게 고민하는 걸 보면 너도 그 남자에게 마음이 없는 것 같진 않나 보다. 어떤 사람이냐는 물음에는 괜찮은 사람이라고도 했으니까.

  "너무 어렵게 생각하지 말고, 일단 한번 만나봐. 사랑인지 아닌지, 만나보면 분명해지겠지. 머리 복잡하게 고민 그만하고, 편하게 만나서 밥도 먹고 커피도 마시고 와."

그러고 나서 너에게 다시 연락이 왔다. 이번 주말에 만나기로 했다고. 잘했다고 말해주었다.

봄이 오려나 보다. 오늘은 날이 꽤 포근했다. 따스함이 못마땅했는지, 이내 먹구름이 몰려오더니 눈이 아닌 비가 내렸다. 이 비가 그치면 정말 봄이 올지도 모르겠다. 비가 와도 네가 더 이상 아프지 않았으면 좋겠다. 네가 다시 사랑을 믿기를 바란다. 그리하여 너에게도 이젠 정말 봄이 찾아오기를 진심으로 소망한다.

고백으로부터, 그 기적이 시작되기를.

벚꽃이 피면 만나러 갑니다

선기찬(영천)

 겨울의 차고 하얗기만 하던 하늘이 이제는 제법 따스하고 푸른 빛깔을 띤다. 콘크리트 바닥엔 봄볕이 새싹처럼 피어나고 공기 중에는 봄내음이 살짝 스며든 바람이 나를 스쳐 지난다. 얼른 봄이 돌아오길 기다렸던 내게 이 모든 것은 참으로 반가운 감각이다.

 올해 봄, 벚꽃이 만개할 즈음 옷매무새를 가다듬고 묘각사를 찾아갈 계획이다. 묘각사는 경상북도 영천시 자양면에 위치한 어느 절의 이름이며, 그곳에 살고 있는 나의 누나를 만나러 가기 위함이다. 일년 만에 누나를 만나는 날이기에 내게는 더욱 의미

있는 봄날이며, 누나는 내가 찾아올 것이라고 생각지 못할 것이다. 혹, 나의 누나가 불자냐고 묻는다면 그렇지는 않다.

지난해 봄, 지리멸렬한 일상 속에서 자그마한 여유를 찾고자 굽이굽이 흐르는 산길을 올랐다. 그 길의 끝에서 묘각사가 나를 기다리고 있었고, 또 그 초입에서 홀로 우두커니 서서 내게 인사를 건네던 벚나무 한 그루와의 만남을 기억한다.

노르스름한 햇살이 드는 절 마당을 거닐며, 켜켜이 쌓아왔던 숨은 내뱉고 새로운 공기를 다시 채워 넣었다. 그렇게 내 마음 한켠에도 봄볕이 들 무렵, 따스하고 부드러운 바람이 꽤 크게 일렁였다. 봄바람에 흩날려 나를 스쳐가는 무수한 꽃잎들의 출처는 어디인가 하니, 절의 초입에서 만난 벚나무의 것이었다. 선물은 예기치 못한 순간에 받으면 그 감동이 배가 된다는 것을 알고 있다. 나 또한 어떤 것도 기대하지 않았던 어느 봄날에 무수히 흩날려 나를 스쳐

지나는 꽃잎들의 풍경을 바라보며 내 가슴속에서 일어나는 봄바람을 느꼈다.

뜬금없는 타이밍일지 모르겠으나 나는 이 대목에서 벚나무와 나의 누나를 겹쳐보았다. 자연 속에서 누나를 찾아내는 것, 내게는 적잖은 일이다. 그리고 그것이 내가 누나를 추모하는 방식이다. 그날도 어김

없이 누나를 그리워하던 날이었기에 내게는 벚나무의 모습이 누나의 얼굴과 닮아있는 것이 아니겠는가. 우연한 만남이라 여길 수 없었고 특별한 인연으로 이끌어 가기에 충분한 그림이었으니 그날부터 묘각사의 입구에 서 있는 벚나무는 나의 누나가 되었다.

오늘도 어김없이 베란다 창문을 헤집고 들어온 노란 봄 햇살이 내게 인사를 건넨다. 거리에는 아직 앙상한 나뭇가지들이 즐비해있지만 가지마다 군데군데 피어난 꽃봉오리 몇 개만으로도 누나를 만나러 갈 생각에 여념이 없다. 여하튼 올해 봄날의 내 소망을 고한다. 벚나무 앞에 서서 참 많이 보고 싶었다 말하면 이는 바람에 살랑대는 꽃잎 소리로 답해주고, 봄날처럼 싱그럽게 웃어 보이면 그때처럼 다시 한번 무수한 꽃잎을 흩날려 나를 감싸 안아주길 바란다. 그러면 잠시만 누나 곁에 머물다 더 바랄 것 없는 마음으로 산을 내려가려 한다.

행복한 꿈

이윤서(인천)

 바쁜 부모님 덕분에 어린 시절을 경상북도 문경 할머니, 할아버지와 함께 지냈다. 어린 시절을 주변 어디를 보아도 자연환경과 친구 하며 지낼 수 있었고 풀과 흙, 사과나무 따기 체험 같은 시골의 농사일도 함께 했던 기억이 있다. 부모님보다 먼저 곁에 있어준 할머니, 할아버지의 모습이 조금씩 흐릿해진다.

 할아버지는 동네에서 가장 키가 크다. 아빠보다도 더 크고 건강하셔서 시골 사랑방이나 정자에 가면 손자, 손녀 자랑과 함께 나를 비행기 태워주시곤 했다. 그중 가장 높이 올라온 비행기가 우리 할아버지 비행기이다. 고집쟁이 나와 함께 농사일을 도와주러

가는 날 요구르트가 너무 먹고 싶어, 요구르트를 달라고 떼를 쓰며 동네가 떠나가라고 운 적이 있는데, 그때, 우리 할아버지는 동네를 다니다 못 구하고 멀리 시내의 큰 마트까지 가서 요구르트를 사주었다. 고집쟁이에 자기가 하고 싶은 것만 하고 원하는 것은 꼭 가지려 떼를 많이 부렸던 나, 아직도 동네 분들 모두가 다 아는 고집쟁이 나를 위해 농사일보다 손녀가 먼저였던 우리 할아버지가 그립다.

어느 날 할아버지께서 갑자기 쓰러져 집에 119 응급구조 대원들이 와서 "괜찮으세요?" 했다. 심장 압박 응급처치, 심장제세동기를 사용하여 할아버지를 구급차에 태워 병원에 갔었던 것이 아직도 기억에 남아 있다. 그때, 할아버지를 도왔던 119 응급구조대원의 모습과 병원에서 분주하게 움직였던 의료진들, 할머니의 눈물과 울음소리가 아직도 기억이 생생하다. 그 이후로 할아버지의 목소리는 흐릿해졌고 가장 좋아했던 할아버지의 높은 비행기는 탈 수가 없어졌다.

어릴 적 추억이 가득한 시골집은 현재 할머니가

지키고 계시지만, 할머니도 희귀병인 루게릭병으로 건강이 좋지 못한 상태다. '효'란 무엇인지 생각해보면서 가장 먼저 떠올랐던 할머니와 할아버지인데, 현재 내 곁에 안 계시고 건강이 안 좋아진 할머니께 내가 할 수 있는 일이 무엇일까?

첫 번째, 아직도 기억하는 어릴 적 추억의 몇 가지들을 잊지 말아야겠다. 내가 잊어버리면 있었던 사실들이 사라져 버릴 것 같은 생각이 들기 때문이다. 내가 사랑받고 나를 사랑했었던 기억을 소중하게 간직하는 것이다.

두 번째, 모든 일에 어른과 아이들을 대할 때도 정성을 다하는 것이다. 우리 할아버지와 할머니가 그러했듯이, 정성을 다해 즐겁게 하고 행복할 수 있는 일들 하는 것이다.

세 번째, 할머니의 병을 잘 몰라 많은 부분 할머니한테 짜증도 내고 "왜 이걸 못 해?"라고 말한 적이 있다. 그걸 본 엄마는 할머니가 시골로 내려가신 후 나와 동생의 팔을 움직이지 못하게 묶고 1시간 동안 생활을 해보라고 하셨다. 내가 알고 있는 지체장애인과 시각장애인들은 학교에서는 교육 영상물을 통해 간접적으로 보고 들어 비정상인보다 상당히 어려우니, 도움을 주어야 한다고 배웠다.

그런데, 1시간의 체험 후 우리 '할머니도 생활하기 정말 많이 힘들겠구나'라는 생각에 동생과 나는 평평 1시간동안 콧물, 눈물로 얼굴이 뒤범벅이 되었다.

"팔이 없는 것도 아닌데, 왜 내가 물을 가져다주고 밥을 먹을 때, 반찬을 얹어주어야 하는 거야?"라고 말하고 행동했던 철없는 행동과 말이 할머니한테 얼마나 상처였을까 조금이나마 알게 되었기 때문이다.

효사랑 실천 방안으로 세 가지를 생각하면서 작은 일이지만 꼭 실천하고 할 수 있는 것부터 하는 것이 중요하다고 생각한다. 또, 장애인에 대해 우리나라에서는 연세가 있는 할머니, 할아버지들의 힘들어하는 행동을 장애로 규정하고 있지 않아, 외형적이 모습으로 정상인과 같다고 생각하고 노인들은 왜 이걸 힘들어할까, 왜 못 하지, 너무 느려라는 등 불만과 불평을 할 수 있겠지만, 간접 체험들을 통해서 어떤 부분이 어렵고 힘든지 알 수 있었다. 그런 부분에 배려의 마음이 필요하다고 생각하면 세 가지를 생각해 보았다.

'효'에 대한 생각의 시간을 가져보면서 가장 밝게 웃었던 할아버지의 높은 비행기를 떠올려 본다. 양

팔을 못 사용하시는 할머니가 더 이상 병이 진행되지 않는 기적을 바라본다.

크리스마스에 당신이 오기를

엄희경(고양)

　그런 순간이 있다. 이 장면은 내 인생에서 꽤 오래도록 기억되겠구나 하는, 그런 생각이 스치는 순간이. 유난히 추웠던 12월, 병원에서 우리 엄마가 링거를 꽂은 손으로 당신 손녀의 머리를 쓰다듬으며 놀아주고 있었다. 엄마의 수술 전 잠시나마 찾아온 평화로운 일상, 난 그저 이 순간이 깨지지 않기를 바라며 그들의 대화를 노래 삼아 가만히 눈을 감고 있었다.
　"이번 크리스마스에는 꼭 눈이 내려야 허는디, 그래야 우리 강아지가 좋아허지."
　"맞아 할머니! 우리 엄마도 눈 오는 것 좋아해. 그래서 나도 좋아! 그럼 할머니는? 할머니도 좋아?"
　"그러엄. 할머니도 이번 크리스마스는 눈이 펑펑

쏟아졌음 소원이 없겠다."

왜일까. 그 후 많은 시간이 지났음에도, 그날의 대화는 파편이 되어 나의 가슴 한켠에서 여전히 재생되고 있다. 그렇게 나도 모르게 재생된 그날의 기억은 불쑥불쑥, 그 옛날의 기억을 기어코 끄집어내어 내 가슴속을 어지럽힌다.

그 옛날, 그 시절이 그렇듯 어렵고 힘든 상황 속에서 여기저기로 이사를 참 많이 다녔었다. 그때의 나는 너무 어렸고, 어린 마음에 그게 너무 싫었는데 그 마음은 화살이 되어 자꾸 엄마에게로 향하곤 하였다. 그러던 어느 겨울, 이사 온 새집에서 짐 정리를 하던 중, 옆 동네에 살던 동갑내기 친구 순애와 주고받은 편지들이 없어졌다는 것을 알았다. 이사를 자주 다니던 탓에 누군가와 정을 붙이기가 쉽지 않았지만, 순애는 살갑고 붙임성이 좋은데다 나와 비슷한 점도 많아 금세 가까워지게 되었다. 우리는 서로에게 자주 편지를 써주었고, 그건 그 시절 나에게 소중한 보물이었다. 난 그 보물들을 작은 상자에 고이

모아서 소중하게 보관해두었는데, 이사를 오면서 그것이 사라진 것이었다. 그렇게 짐을 푸는 것도 잊은 채 온 집안을 뒤지며 한참을 정신없이 찾고 있는데 부엌에서 엄마의 목소리가 들려왔다.

"뭘 그런 거로 그래? 별것도 아니잖어. 네 물건은 네가 알아서 잘 챙겨야재. 인제 그만 정신없이 굴고, 동생들이나 좀 챙기래이."

그 순간, 그 별것 아닌 말에, 그동안 꾹꾹 눌러왔던 감정들에 불씨가 지펴졌고, 그걸 기점으로 뭔가가 펑 하고 터져버린 것만 같았다. 그렇게 나는 그대로 그동안 쌓여왔던 원망, 서운함, 슬픔, 서러움 등의 감정들을 엉엉 울면서 모조리 쏟아내었다.

"그놈의 동생들, 동생들. 엄마는 왜 동생들만 챙겨? 나는? 나도 엄마 딸이잖아. 그리고 그게 나한테 어떤 것인 줄이나 알아? 아니 그전에 이사를 왜 와서 이런 일을 만들어? 나 사실 이사 다니는 거 정말 지긋지긋해. 다 싫다고."

그렇게 울면서 집을 나왔는데 막상 갈 곳이 없어

결국 그 동네 뒷산으로 올라갔다. 때마침 하늘에서 붉은 석양이 내려앉고 있었다. 바람은 시리도록 날카로웠는데, 노을은 슬프도록 아름다웠다. 그 기묘한 이질감에 빠져 한참 동안 노을빛만 가만히 바라보았다.

얼마나 지났을까. 날이 저물어 갈 쯤 머리 위로 살포시 눈이 내려앉았다. 그해 첫눈이었다. '아, 우리 엄마 눈 참 좋아하는데.' 우습게도 그때 처음 든 생각이었다. 그렇게 모질게 퍼붓고 나왔으면서 결국에는 또 엄마 생각이었다. 내 가슴속 한차례 휩쓸고 지나간 공간에는 조금씩 또 다른 이름의 감정들이 고개를 쳐들고 있었다. 미안함, 속상함, 아픔, 애틋함…. 마구 뒤섞인 감정들이 제멋대로 나의 가슴속을 슬금슬금 채우고 있었다. 그때, 뒤에서 엄마가 부르는 소리가 들려왔다. 흐트러진 머리, 짝짝이 신발, 그 추위에 겉옷도 걸치지 않은 채 이마에 땀이 송골송골 맺힌 엄마의 모습이 나의 눈동자를 가득 메웠다.

그래, 그렇구나. 나의 엄마구나. 아팠다. 참으로

아팠다. 또다시 차오르려는 눈물을 꾹꾹 눌러 담은 채 엄마에게 말을 건넸다.

"엄마, 눈 와."

"그러게, 우리 딸 좋아하는 눈이네."

"엄마, 내가 눈을 왜 좋아하는지 알아? 엄마가 좋아해서, 그래서 좋은 거야."

엄마는 가만히 나를 바라보다 두 팔을 뻗어 꽉 끌어안았다. 그리고는 내게 조용히 속삭였다.

"미안타, 우리 딸. 엄마가 다 미안해."

그렇게 그날 나는 아무 말도 못 한 채 한참을 엄마의 품속에서 울었다.

'엄마'라는 단어는 그저 두 글자로 이루어진 한 단어일 뿐이지만, 그 시절 나에게는 그리 단순하지 않았다. 아니, 그 어떤 말보다 복잡하고 무거웠다. 아름답지만 슬픈, 사랑스럽지만 아픈, 온갖 모순으로 뒤덮인 그런 단어였다. 돌이켜 생각해보면, 그때 엄마도 참 어리디, 어렸었다. 그럼에도 그 작은 어깨에 무수히 많은 짐들을 이고서, 홀로 '엄마'라는 말의 무게를 힘껏 감당해내고 있었다. 그때의 나는 그걸 왜 알지 못했을까. 언제부터 인가, 세월이 주는 깨달음은 가시가 되어 나의 가슴을 콕콕 쑤시며 나를 아프게 만든다.

병원에서 당신 손녀의 머리를 쓰다듬으며, 크리스마스에 눈이 오기를 소망하셨던 엄마는 그 해 크리스마스이브에 눈이 되어 우리의 곁을 떠나가셨다. 그래, 그때부터였던 것 같다. 정말로 눈을 기다리게 된 것이. 눈이 오면, 엄마가 우리에게 안부를 전하러 오는 것만 같았다. 눈이 오면, 거칠지만 따뜻한 그 손을 뻗어 당신 손녀의 머리를 쓰다듬어 주고, 눈이 오면, 오래전 그날 밤처럼 당신의 품을 내어주어 나를 감싸 안아주는 듯했다. 이번 크리스마스에는 꼭, 꼭, 눈이 오기를, 나는 간절히 소망한다. 그래서 이제는 내가 당신을 꽉 안아주고 싶다. 오래전 그날, 당신이 나에게 그러했듯이.

기적을 보여준 사랑하는 가족의
간절한 기도

우순화(인천)

　인생을 살아오는 동안 내가 뜻하고 이루고자 하는 소망을 일상 속에서 혹은 꿈에서조차라도 간절히 바라고 또 바라며 불굴의 의지를 마음속으로 다지곤 했었다. '소망'은 인생의 주기에 따라 그 형태와 색깔이 달라지거나 혹은 덧입혀져 삶을 살아가는 데 있어 원동력이 되기도 하였고 때로는 막중한 부담감으로 작용하기도 하였다.

　그러나 인간이 꿈과 희망, 그리고 그걸 포용하는 소망이 없다면 과연 그 길고 혹독한 인생살이를 제대로 이겨내고 버틸 수 있을지 의문이 든다. 그러한 사람은 주변에서 찾기란 여간 힘든 일이 아니다. 그

러한 삶이란 바로 죽음과도 같은 삶을 의미하기 때문이다.

 어릴 적에는 가난한 집 형편으로 인해 그저 끼니 걱정 없이 배부르게 먹을 수 있는 따뜻하고 환한 불빛이 흘러나오는 집에서 살아보는 게 소망이었다. 반찬이 없어 밥에 간장을 비비고 참기름조차 없어

생김으로 밥을 말아먹는 그 시절을 떠올리면 지금도 가슴속이 먹먹하다. 태어난 날을 축복하는 화려한 생일 케이크는 고사하고 행사 날이면 등장하는 김밥도 겨우 속을 채워 소풍을 다녔던 시절이었다. 그러니 인생의 목적이 잘 먹고 잘 사는 것이 될 수밖에 없었던 것은 당연한 귀결일 수밖에 없었다.

어린 시절부터 갖고 싶다는 '욕망'을 내려놓고 가져야 된다는 '소망'을 이루기 위해 악착같이 앞만 보며 살았다. 가진 재주가 공부라고 여겼던 나는 반에서 상위권을 다투는 우등생 대열에 빠지지 않았고 내 자신이 뿌듯하게 느껴질 정도로 교내의 상을 휩쓸었으며 대학 또한 취업은 걱정할 필요가 없다는 간호과에 진학하여 15년을 한 직장에서 내리 일하며 가족들의 자랑이자 자부심이 되었다. 그 시기가 나는 내 인생의 '황금기'라고 생각한다. 어린 시절에는 생각조차 할 수 없었던 국내 여행의 최고봉으로 일컬어지는 제주도와 가까운 일본도 갔다 올 수 있었다. 내가 돈을 벌고 가족들이 갖고 싶은 것을 마련해

줄 수 있다는 직업을 가지고 있다는 것이 삶을 안정적으로 만들었고 생활을 좀 더 풍요롭게 했다. 그러나 인생은 '새옹지마'라고 하지 않았던가! 좋은 일이 있으면 나쁜 일이 생기고 나쁜 일이 물러가면 좋은 일이 다가온다던 옛 성현의 말씀이 틀린 것이 없다는 것을 새삼 느끼게 된다. 가족의 입에 맛있는 음식이 들어가는 것만 보아도 먹지 않아도 배가 불렀고 웃는 날보다 우는 날이 많으셨던 어머니께서 미소를 짓는 날이 많아지는 것이 행복하였다. 그런 시기를 보내면서 정작 내 자신의 건강을 돌보지 못했던 것이 뼈아픈 실수가 될 줄은 몰랐다.

2017년 어느 날 한 달 이상 지속되는 혈변 증상으로 인해 동생의 성화로 부랴부랴 병원을 방문하였고 청천벽력과도 같은 '직장암'이라는 진단을 받게 되었다. 암 진단을 받아서인지 아니면 그 전부터 건강이 악화되기 시작하였던 것인지 급격하게 무너진 몸과 마음의 상태로 인해 내 삶의 정신적 지주였던 병원을 사직할 수밖에 없게 된 것이다. 내 건강보다 가족을 부양할 수 없다는 자책으로 인해 더 힘든 시간을 보내야 했다. 끝 모르고 좌절의 나락 속에서 내 고통과 상심에만 빠져 있을 때 홀로 나를 위해 기도하시는 어머니의 눈물과 발을 동동 구르며 걱정하는 동생의 근심 어린 눈빛을 보았다.

 그래, 다시 일어서자! 나는 그 때부터 굳은 의지를 다졌고 5년의 산정특례 기간 동안 재발이나 전이 없이 건강을 회복하게 되었다. 그 힘든 시간에 내 곁을 지켜주었던 가족이 없었다면 나는 다시 일어설 용기를 내지 못하였을 것이다. 사랑하는 가족의 힘으로 건강을 되찾은 지금 나는 삶의 기적을 보았다. 가족의 무한한 사랑이 바로 삶의 기적을 보여준 것이다. 내가 다시 살아갈 힘을 되찾을 수 있게 옆에서 한결같이 지켜주었던 사랑하는 어머니와 여동생을 위해 나는 간절히 소망한다.
 '우리 함께 건강하고 행복하게 살자!' 그 뿐이라고…. 다른 무엇보다 중요한 삶의 소망은 바로 '건강'이라는 것을 말이다.

언제나 저랑 함께해주세요

정현우(진도)

이별… 서로 멀리 떨어짐이라는 뜻이다. 2022년 6월 1일, 나는 할아버지와 이별했다. 다시는 만나기 힘든, 어쩌면 영원히 볼 수 없는 이별을 하고 말았다. 이별의 아픔 속에서만 사랑의 깊이를 알게 된다고 한다. 맞는 말인 것 같다. 이별하고 나니 절실히 알게 되었다. 내가 할아버지를 엄청나게 사랑했다는 것을 말이다. 늘 내 곁에 계실 거라고 생각했고, 언제나 집에 가면 나를 반겨주실 거라고 생각했다. 너무나 사랑했기에 나에게 돌아오는 아픔도 더 크지 않을까 싶다.

오늘은 할아버지가 돌아가시고 난 뒤 맞는 일곱

번째 일주일이다. 그리고 할아버지가 돌아가시고 난 뒤 49일째 되는 날이기도 하다. 벌써 할아버지가 돌아가신 지 49일이나 지났다는 게 믿어지지 않는다. 장례식이 끝나고 난 뒤 친척들은 49재 때 보자고 하면서 각자의 가정으로 돌아갔다. 그때 49재가 무엇인지 알게 되었고, 나도 나의 현실에 돌아와 49일을 그럭저럭 버티며 보냈다.

생각보다 시간이 잘 지나갔다. 하루하루는 느리게 가는 것 같은데 일주일 단위로 보면 또 시간이 잘 가는 것 같기도 하다. 어느새 6번의 일주일이 지나갔기 때문이다. 짧다면 짧고, 길다면 긴 이 시간 동안 나를 포함한 우리 가족들은 서로의 힘듦을 위로하며 함께 성장했다고 할 수 있다. 이모들과 삼촌들은 거의 매주 할머니를 뵈러 집으로 왔다. 광주와 진도는 차로 2시간 정도 걸리는 가깝지 않은 거리임에도 주말마다 찾아와 할머니가 외롭지 않게 해드렸다. 할머니가 해야 할 밭일을 조금이라도 도와드렸고, 모두가 서로 얼굴을 보고 힘을 얻으며 잘 지내려고 노력했던 것 같다. 나도 매일 할머니께 안부 전화를 했다. 그동안도 자주 했었지만 이제는 매일매일 하기로 했다. 하루라도 내 목소리를 들려드리고, 나도 매일 할머니 목소리를 듣고 싶었다. 들을 수 있을 때, 더 자주 듣고 싶었다.

49일째이기 때문에 할아버지는 마지막 재판을 받으셨을 것이다. 일곱 번째 재판은 천륜의 재판이다. 천륜이란 부모와 자식 간에 마땅히 지켜야 할 도리이다. 할아버지가 할아버지의 부모님께 잘하셨는지는 내가 직접 보지는 못했다. 하지만 증조할아버지의 산소를 매년 열심히 관리하시고, 매년 돌아오는 제사를 성실하게 지내신 할아버지의 행동을 굳이 직접 보지 않아도 나는 알 수 있다.

말도 행동도 모두 주는 만큼 되돌아온다고 한다. 할아버지는 본인의 부모님께도 최고의 아들이었고, 자식들에게도 최고의 아버지였다. 아내에게는 최고의 남편이었고, 손자, 손녀들에게는 최고의 할아버

지셨다. 할아버지의 모든 인생은 가족을 향한 사랑이었고, 그래서 할아버지를 우리 가족 모두가 사랑하는 것이다. 할아버지가 우리에게 주신 사랑이 그대로 본인에게 되돌아간 것이다.

할아버지는 마지막 재판까지 완벽하게 통과하셨을 것이다. 그리고 마지막 재판까지 모두 통과하셨으니, 할아버지는 본인이 원하는 모습으로 다시 환생하셨을 것이다. 할아버지는 어떤 모습으로 환생하셨을까? 어떤 삶을 원하셨을까? 아무래도 좋다. 그냥 새로운 삶은 힘들게 일하시지도 말고, 남을 위해 희생하지도 말고, 본인만을 생각하며 본인을 위해서 행복하고 편안하게 하루하루를 보내셨으면 좋겠다.

난 할아버지를 영원히 기억할 것이다. 할아버지의 얼굴, 목소리, 냄새, 추억, 물건 등 모든 것들을 다 기억할 것이다. 죽은 사람은 산 사람의 기억 속에서만 살 수 있으니까. 할아버지는 내 기억 속에서 영원히 살아계실 것이다.

사랑하는 우리 할아버지, 세상에 하나뿐인 우리 외할아버지!

할아버지는 무조건 천국에 가실 거예요. 사진 속 날개로 훨훨 날아가셔서 거기서는 일하지 마시고 좋은 곳만 보고 좋은 것만 드시면서 건강하고 행복하게 지내세요. 할아버지가 천국을 못 가시면 이 세상 누구도 못 갈 거예요. 할아버지는 제 마음속에서 영원히 살아계실 거라 생각할게요. 언제나 저랑 함께 해 주세요. 22년 동안 할아버지의 손자로 살 수 있어서 행복했습니다. 이 세상 그 무엇보다도 더 사랑합니다.

정식 작가가 되면

조채율(대구)

어릴 때부터 책을 읽고 글 쓰는 것을 좋아했던 나는 친구들에게 꼬마 작가로 통했다. 일찍이 글쓰기에 재능을 보여 각종 글짓기 대회에서 상을 휩쓸어 부모님이 기뻐했던 기억이 지금도 생생하다.

장래 희망을 적을 땐, 평소 좋아하고 존경했던 위인 작가 셰익스피어나 톨스토이를 적었더랬다. 그런 화려했던 초등학생 시절 이후, 중학교 때부턴 나는 우울증과 사춘기를 심하게 앓아 글쓰기 대회는커녕 학업도 제대로 따라가지 못했다. 고등학교도 억지로 졸업하고 대학은 적응을 하지 못해 중퇴하였다. 우울증으로 정신과 치료가 계속되었다.

그러던 어느 날 나는 인생의 전환점을 맞게 된다. 지금의 남편을 만난 것이다. 지금의 남편은 나에게 잊었던 꿈의 기억을 되살려주었다. 이렇게 공모전에 도전하는 것도 감회가 새롭다. 서른을 넘긴 지금, 나는 제2의 인생을 살려고 뒤늦게 고군분투하고 있다. 예전에 못다 이룬 작가라는 꿈을 이루기 위해서다. 이 소망은 노력할수록 더욱 강렬해졌고 지금은 누구보다 열정에 불타오르고 있다. 작가가 되고 싶은 이유는 다양하지만 가장 큰 이유로 글 쓸 때야말로 내가 진정 살아있는 것만 같은 두근거림과 소중한 꿈들 때문이다. 현재 재능 마켓 플랫폼에서 외주 작가로 일하고는 있지만 아직 정식으로 등단하지 못했기에 항상 스스로에게 자신이 없었다.

나의 작가적 재능을 발견하고 이끌어 준 것은 남편의 영향이 크다. 남편도 예술계 그림 작가로 일을 하고 있기 때문에 나를 많이 도와주었고 조언과 충고도 아끼지 않았다. 유명해지고 싶다, 베스트셀러 작가가 되고 싶다던 그런 막연한 꿈이 아닌 점점 나의 꿈의 그림이 구체적으로 그려지고 있다는 걸 최근 깨달았다.

작가가 되고 싶은 이유의 중심에는 소중한 가족이 있었다. 작가라는 꿈에 지원과 격려를 많이 해주신 부모님과 항상 날 믿어주는 남동생, 꿈의 조력자이며 선배인 남편, 그리고 사랑하는 반려견 곰이 솜이까지 나의 인생에는 따뜻한 존재들로 가득했다. 모든 꿈의 출발점은 가족이었다. 나의 자아실현과 꿈을 위한 작가로서의 꿈도 결국에는 소중한 가족들과 행복해졌으면 하는 바람으로 더욱 간절해졌다.

정식 작가로 등단하면 하고 꼭 하고 싶은 것이 있다. 이런 것을 소망이라고 할 것이다. 작가가 되어 어느 정도 안정적인 수입을 내면 나는 제일 먼저 부모님과 남편, 동생과 함께 여행을 떠날 것이다. 여행지는 가족과 함께라면 어디라도 좋을 것 같다. 곰이 솜이, 애견 동반까지 가능한 펜션에서 따뜻하고 행복한 추억을 만들고 싶다.

유명 작가가 아니라도 좋다. 베스트셀러를 집필하는 화려한 작가가 되지 못한다고 하더라도 괜찮다. 내 글을 읽는 독자들에게 작은 희망과 위로를 줄 수 있는 작가, 소중한 사람들을 지키고 행복하게 해주는 소박하고 따뜻한 작가가 되고 싶다. 나의 소망은 일상의 기적에 있다고 믿는다. 특별한 기적이 아닌 소소한 일상의 날들 안에서 나의 꿈이 꽃 피길 소망한다.

나의 작은 소망

정유나(서울)

 어릴 때부터 바라왔던 작은 소망 하나는 12월 31일 새해 카운트다운을 하고 불꽃놀이를 보는 것이었다. 어떻게 보면 정말 별거 아닌 간단하고 누구나 한 번 이상은 해봤을 일이겠지만 나에게는 매우 큰 의미가 있는 날이었다.

 학생일 땐 걱정이 많으신 부모님 밑에서 자라왔기 때문에 집에서 정해진 규칙(약속)이 있었다. 저녁 6시까지 집에 들어오기, 외박 금지 등 친구와 놀면서도 이 약속을 지켜야만 했기 때문에 내가 어딘가를 놀러 다니기엔 제한적인 부분이 있었다. 그리고 성인이 되고 마침내 새해 카운트다운과 외박을 해봤

다. 지금까지 꿈꿔왔던 일들을 이룰 수 있게 되어 정말 너무도 설레었고, 행복한 순간이었다.

항상 TV에서만 보던 풍경을 직접 현장에서 보고 있으니 신기할 뿐이었다. 새해 카운트다운을 했던 곳은 '봉은사'였다. 불경을 읊으시며 '나무아미타불 관세음보살'을 외치시는 스님, 그리고 카운트다운이 시작되었다.

"5, 4, 3, 2, 1!"

새해가 열리고 동시에 불꽃 퍼레이드가 시작되었다. 눈앞에 펼쳐진 아름다운 휘황찬란한 오색빛깔의 불꽃들, 모든 광경들이 너무 신기하고 내가 살아있음을 느끼는 순간이었다. 팡팡 터지는 불꽃 소리와 함께 요동치는 심장소리로 마음이 벅차올랐다. 사람들의 환호소리에 현장에 내가 있다는 것이 실감되었다. 너무도 아름답고 믿기지 않는 순간이었다. 그토록 바라왔던 '새해 소망 빌기'를 드디어 해냈기 때문이다.

무엇보다 카운트다운 현장에 가보고 싶었던 이유 중 가장 큰 이유는 새해 소원을 빌고 싶었기 때문이다. 많은 사람들이 새해가 열리면 희망 가득한 소원을 빌어보려 절에 가거나 또는 새해 일출을 보러 가거나 한다. 나도 마찬가지로 현장에 가서 직접 소원을 빌면 간절함이 하늘에 닿아 정말 이루어질 것 같은 기분이 들었다.

내가 빌었던 소원은 가족의 건강이었다. 정말 뻔한 소원일 수도 있지만 올해 이루고 싶은 일이 가족여행이기 때문이다. 현재 성인이 된 나는 직장을 다니고 여행에 필요한 돈을 차곡차곡 모으고 있다. 그동안 서로 시간을 맞추기에 어려움이 있었다. 하지만 이제는 어떻게든 시간을 맞춰서 많은 곳을 여행해보고 맛집도 많이 가보려 한다. 가족들과 소중한 추억들을 앞으로 많이 만들고 싶다. 항상 아프시지만 내색하지 않는 아버지. 그리고 조금씩 주름이 늘어가는 어머니. 그동안 여행 한번같이 못 갔다는 것에 굉장히 죄송한 마음이 크다.

만약 기적이 생긴다면 부모님의 건강이 회복되고 아픈 곳 하나 없었으면 좋겠다. 무엇보다 앞으로 뒤늦게 후회하지 않도록 지금 이 순간도 가족들과 잊지 못할 소중한 추억 페이지를 어떻게 채워갈지 끝없이 고민을 하고 있다. 모두가 그렇듯이 '가족'이라는 존재는 나의 전부인 것 같다. 정말 소중하고 나에게 행복을 전해주는 울타리라고 생각한다. 어쩌면 기적은 이미 왔었던 것일 수도 있다. 이렇게 존재만으로도 아름다운 우리 가족을 이번 생에서 만날 수 있었다는 건 나에게 있어 기적적인 일인 것 같다. 나는 이 기적을 절대 놓치지 않을 것이며 기적을 기다리기보다 기적을 만들어가려 한다.

특별한 말, 늘 응원해!

박소현(군포)

"늘 응원해."라는 말은 무엇보다도 내게 특별하다. 더없이 소중한 인생의 친구가 생긴 지금의 나에게 가장 특별한 문장이 되었다. 나는 30대에 퇴사를 하고, 우울증과 성인 ADHD를 진단 받았다. 그리고 깨달았다. '나는 직장을 다니기 힘들었을 텐데 너무도 가혹하게 나를 몰아세우고 버텼구나.' 다시는 회사로 돌아가지 않겠다는 다짐을 했다.

내가 바라는 것은 오로지 나의 행복이었다. 내가 정신질환을 가지고도 행복하게 살기를 바랐다. 나는 정신질환을 가지고 살아가는 이야기를 세상 밖으로 조금씩 꺼내기 시작했다.

그리고 기적이 일어나기 시작했다. 그런 나의 꿈에 한 사단법인의 지원을 받아 나처럼 정신 질환을 가지고 힘들어하는 청년들을 위한 프로젝트를 진행해볼 수 있었다. 그리고 그 프로젝트에 공감해주는 다양한 청년들을 만났고, 우리는 만나자마자 세상 누구와 있을 때보다도 온전히 이해받는 경험을 할 수 있었다.

나는 꿈을 꾸기 시작했다. 정신질환으로 힘들어하는 청년들의 목소리를 들어주는 일을 하는 사람이 되고 싶다. 나와 함께하는 친구들은 그렇게 자신의 경험들을 함께 나누며 나와 발맞춰주는 소중한 이들이다. 아픔을 가지고도 타인을 위한 꿈을 꾸는 우리가 모두 행복하기를 바란다.

엄마 힘내, 엄마는 할 수 있어

이연숙(진도)

어렸을 적 소원은 '나도 빨리 커서 어른이 되고 싶다'였고, 지금 소망은 '힘없이 갑자기 무너져버린 엄마의 건강'이다. 늘 힘 있는 버팀목처럼 우리 자식들 곁을 지키시다 갑자기 쓰러져 버린 우리 엄마, 늘 큰 산이셨던 분이 어느 날 갑자기 편마비에 언어장애를 얻으셨다. 자식들에겐 청청벽력 같은 소식이었다.

그렇게 아무것도 모른 채 의식이 없다가 눈을 떴을 때 당신에 몸이 마음대로 말을 듣지 않고 전혀 말을 할 수 없다는 걸 알았을 때 엄마는 자식들보다 몇 배 더 큰 상처가 되셨을 것 같다. 앰뷸런스에 실려 달려가는 동안 "엄마! 나 좀 봐, 대답 좀 해봐."라고 아무리 눈물을 흘려가며 불러봤지만 한 시간을 달리는 동안 내내 엄마는 그냥 누워만 계실뿐 미동도 없으셨다.

그때 나는 알았다. 왜 애가 탄다고 하는지를 아무것도 할 수 없는 이 마음이 정말 속절없이 타들어가고 있다는 것을…. 어떻게 하면 엄마를 깨울 수 있을까? 내 머릿속에는 '엄마를 깨우는 방법이 뭐가 있을까'라는 생각밖에 어떤 조치도 하지 못했다. 아무리 말을 해도 엄마는 대답을 하지 않으셨다. 울 엄마는 애타게 부르는 이 딸의 목소리가 들리지 않으셨나보다. 엄마에 뇌가 죽어가고 있는 그 시간에도 난 "엄마, 엄마." 하고 눈물만 흘리며 불러보는 게 전부였다.

중환자실에서 일주일 힘겹게 싸우시다 의식은 찾으셨다. 젊은 나이에 홀로 어린 6남매를 키우시고 고생만 하신 분이 이제는 자식들에게 호강을 받아야 마땅한 연세에 병상에 누워 당신이 좋아하는 음식도

드시지 못하고 콧줄에 하루하루 연명해 가시는 걸 보니 가슴이 더 미어진다.

 엄마가 쓰러지시고 나서 한 달이 다가온다. 처음 엄마에 모습을 봤을 땐 이것이 마지막일까 겁이 났지만 지금은 그래도 많이 호전되어 말씀은 아직 못 하시지만 말귀는 알아듣고 계셔서 그것 또한 너무 감사하게 생각한다. 엄마는 지금 힘겹게 병과 싸우고 있는 의지가 보인다, 감사하게도.

나는 늘 기도한다. 기적을 바라본다. 내 이름을 부르며 "엄마다!" 하고 일어서실 그날이 빨리 오기를…. 사랑하는 엄마가 우리 곁으로 돌아와서 예전처럼 도란도란 앉아 즐거운 이야기를 나누는 날이 빨리 돌아오기를 바란다. 봄이 오는 소리와 함께 엄마도 우리 곁으로 살포시 오시길 소망해본다.

엄마, 힘내. 엄마는 할 수 있어. 사랑해요.

나의 소망 1호 제주도 여행

김경태(안성)

나는 5, 6살 때 한번 가본 제주도를 다시 가보고 싶었다. 그 소망이 생긴 배경에는 방학식을 하기 전 선생님의 질문에 몇몇 친구들이 제주도를 간다고 했다. 그리고 방학식을 하고 나서 한 달이 지났을 무렵 텔레비전에 제주도 여행 광고가 나와서 생각을 해보게 되었다.

애초부터 아빠께서 운영하시는 학원 뒷자락에 있는 조그마한 다락방에서 공부를 하게 될 것은 알았지만 부모님께서 제주도 여행에 대해 생각을 해보시도록 설득을 해보았다. 하지만 내 설득은 물거품이 되었고 그럴수록 방학은 하루씩 끝나가고 있었다.

때마침 엄마께서 서울로 학회를 가게 되셨다. 서울로 간 시간을 이용해서 수족관에서 다양한 물고기들을 실감나게 보고 싶었지만, 갑자기 병원에서 환자가 소란을 피운다고 전화가 왔었나 보다. 그래서 엄마는 서울을 떠나고 바로 집으로 내려왔다. 환자를 만난 시간은 고작 20분이었다. 서울을 떠날 때에는 11시이니까 5시간은 있어도 되었지만, 겨우 20분 때문에 재밌는 시간을 사라지게 했다. 그날 오후 나는 엄마에게 "병원에서 겨우 20분 때문에 왜 내려오세요?"라고 화를 내면서 질문을 했다. 방에서 잘 때 나는 엄마께서 기분이 안 좋을 수 있어서 죄책감을 가졌다. '엄마도 힘드실 건데 왜 화를 냈지?'라고 머릿속에서 생각이 자꾸 떠올랐다.

결국 최후의 마지막 수단을 쓰기로 했다. 바로 혼자서 여행이었다. 휴대폰으로 제주도행 비행기와 배를 검색했다. 하지만 숙소비용을 포함하면 내가 감당할 수 없을 정도의 시간과 돈을 투자해야 했다. 같이 검색해본 일본행은 상상을 초월할 정도로 비쌌다. 게다가 난 엔화가 없었다. 갈 수를 없다는 사실을 늦게 알아챈 나는 이불 속에서 눈물을 펑펑 쏟아냈다. 부모님 두 사람 모두 시간이 안 되었다.

'왜 나이에 대해서 차별과 차이를 두는가? 나쁜 일만 아니면 다 되지 않는가?'라고 생각을 했지만 해답을 얻지를 못했다. 마침내 생각을 했는데 위험도였다. 이참에 제주도를 못가는 대신에 제주도나 일본에 관한 책을 보면서 먼저 예습을 하는 것이 좋을 거라고 생각했다.

어린이에게는 자전거라는 도구가 있다. 자전거로 공원을 지나면 있는 드넓은 논두렁을 자전거 여행으로 다녀와도 우리 마을에서는 모험할 곳은 이미 자동차나 아빠랑 예전에 갔다 왔었던 자전거 여행에서 갔다 왔었다. 그리고 자전거 여행에서 늦은 밤까지 논두렁에 있었다가 1m 높이에서 자전거와 함께 넘어졌다. 이 정도는 시작에 불과했을 것이다. 다행히 아빠께서 같이 있었기 덕분에 안전했지 혼자서 있었으면 누구에게도 도움을 청하지도 못하고 울면서 3㎞ 떨어진, 그것도 조그만 병원도 없는 마을에서까지 가야 했을 것이다.

이처럼 세상은 자신이 생각한 대로 안 되는 곳이다. 나는 멋있고 재미있게 여행을 하고 싶었다. 하지만 여행을 하고 나서는 생각이 완전히 뒤바뀌었다.

내가 마지막으로 해야 할 것은 여행이 아닌 집이나 도서관에서 책을 보면서 세계를 보는 것이다. 이제 소망이 바뀌었다. 바로 이 다음에 커서 세계여행을 떠나는 것이다. 사람들이 별로 많이 못 간 미지의 땅인 북극과 남극을 탐험해보고 싶다. 이제 학교를 가야 한다. 하지만 괜찮다. 누구나 어른이 될 수 있으니까.

코로나가 끝나기를 바라며

이효재(인천)

우리나라도 설 연휴를 끝내고 2월 중반기부터 확진자가 생기면서 학교를 비롯하여 부모님들의 직장에서도 사회적거리두기 캠페인이 진행되었습니다. 우리 가족은 나와 누나 둘이서 집안에서 아침, 점심을 해결하며 부모님이 오시는 것을 기다려야 했습니다. 부모님은 우리들의 음식을 걱정하며 주말에는 요리하는 것을 조금씩 알려주었습니다.

2월부터 4월까지 집안에서 식사와 공부, 숙제 등을 했던 누나와 나는 슬기롭게 코로나19를 이겨내기 위해 발코니에 식물을 키우기로 했습니다. 코로나19가 있기 전 우리 집 발코니에는 식물과 화분을 볼 수 없었지만, 학교에서 준 식물 키우기 과제로 식물이 커가는 과정을 관찰하기로 하였습니다. 누나는 바질이라는 식물을 키웠고, 나는 강낭콩을 키웠습니다. 특히 나는 싹을 틔워 화분에 심기까지의 과정을 관찰하고자 씨앗을 젖은 솜에 얹고 자라는 모습을 유심히 지켜보기도 했습니다.

그리고 코로나19 극복방법으로 개학을 기다리면 보았던 달력의 기념일을 참고해, 하루를 특별하고 의미 있는 날로 바꾸려고 했습니다. 새롭게 알게 된 수 많은 기념일들, 3월 5일 경칩은 겨울잠을 깨고 개구리가 꿈틀거리기 시작하는 날, 3월 20일 춘분은 밤보다 낮의 길이가 길어지는 날, 3월 28일은 지구의 휴식을 주는 지구촌 전등 끄기 캠페인, 전 세계에서 동시에 참여한다고 하여 우리 가족도 함께 참여하여 오후 8시 30분에서 9시 30분인 1시간 동안 불빛 없이 생활을 해보았습니다.

4월 5일은 식목일로 나무심기를 아파트 앞 공터

에서 해보았고, 4월 15일은 국회의원 선거일로 선거에 대해 부모님과 이야기를 해보았습니다. 4월 20일은 장애인의 날로 코로나19로 장애인 분들은 더 큰 어려움을 겪겠구나 생각해 보았습니다. 4월 22일은 지구의 날에는 내가 할 수 있는 작은 실천으로 어떤 것들이 있는지 생각해 보았습니다.

첫째, 재활용 가능한 물품의 가치를 높이는 업사이클링, 두 번째 사용하지 않는 가전제품 플러그를 뽑아 불필요한 전기사용 줄이기, 세 번째 대중교통과 자전거 이용하기, 네 번째 사용하지 않는 물건은 기부하고, 지속가능한 제품 사용하기, 다섯 번째 일회용품 대신 개인 텀블러, 에코백, 개인 젓가락 사용하기 등을 생각해 보면서 특별한 하루 일상을 만들었습니다.

코로나19가 없었던 작년과 같은 3, 4월은 학교생활과 친구들, 매일 지나쳐갔던 일상을 자세히 의미를 부여하며 지내다 보니, 하루가 금방 지나갔습니다. 내 달력에는 내 생일과 누나, 부모님, 친척의 생일만 표시돼 있었는데, 작은 글씨가 의미하는 날이 어떤 의미가 있는지 알게 되었습니다.

코로나19 극복을 위해 예방수칙 및 우리집 발코니에 식물관찰과 달력의 기념일의 의미를 찾아보며 다시 만날 친구들의 모습을 상상 오늘 하루도 재미

있고 슬기롭게 보내야 하겠습니다.

 코로나바이러스가 무엇인지에 대해서는 알고 있었지만, 이 바이러스가 어디에서 근원이 되었으며 코로나바이러스를 쉽게 확인할 수 있는 각종 서비스가 많다는 것을 알게 되었습니다. 코로나19 실시간 상황판 등과 같은 앱을 사용하여 사람들에게 경계심을 주며 보다 안전하게 다닐 수 있도록 돕는 것 같습니다. 코로나와 같은 바이러스는 우리에게 항상 예기치 않게 찾아오지만, 그것에 대비하기 위해 오늘도 열심히 힘쓰는 우리나라의 의료진분들에게 감사함을 느꼈습니다.

 코로나바이러스를 대처하기 위해서는 많은 사람들의 노력이 필요하다는 것을 알게 되었고, 전염을 막기 위해서 마스크를 반드시 착용해야 한다는 것을 깨달았습니다.

아직은 서툰 어른

이정미(부산)

20살이 된 이후, 나는 4년째 어른으로 살고 있다. 어릴 때 어른은 '뭐든지 척척 해낼 수 있는 사람'이라 생각했다. 현재 대학교 4학년인 된 나도 어른이지만, 모르는 것 투성이에 표현하는 것도 '서툰 나'이다. 하루, 한 달, 일 년… 시간이 지나가는 건 보이는데 '진짜 어른'이 된 모습은 안 보인다. 현재 사회적으로 정한 성인이 됐을 뿐이지 '진짜 어른'이 되고 싶다.

최근 주변 친구들이 바쁘다. 초중고 때는 다 같이 만날 수 있는 학교나 학원이 있었다. 하지만 대학교에 진학하고 나서는 서로 다른 곳에 있어 힘들다. 사회에 나가기 위해 공부, 자격증, 아르바이트 등을 하며 바쁘게 살고 있는 나와 친구들이다. 바쁘지만 친구와의 인연은 계속 이어가고 있다.

어른이 되면 더 이상 친구와 싸우지 않을 줄 알았는데 지금까지도 싸운다. 내가 친구들과 다툰 이유는 서로의 입장이 달라서가 아닐까 싶다. 초중고 때는 대학 진학이라는 똑같은 목표가 있었지만, 성인이 된 이후에는 서로가 중요시 하는 부분이 달라졌기 때문인 거 같다. 예를 들어 A라는 친구는 취업일 수도 있고 B라는 친구는 연애일수도 있다. 나는 아무리 바빠도 '친구와의 관계'가 중요했다.

서로 달라진 환경과 우선순위가 나를 섭섭하게 만들었다. 작년에 한 친구와 싸움 아닌 싸움을 했다. C라는 친구는 나보다 다른 사람들과 더 어울렸다. 충분히 그럴 수 있다고 생각했다. 하지만 내가 놀자고 할 때는 매번 거절하더니 다른 사람과 노는 걸 보고 화가 났다. 나에게는 다른 태도를 보인 친구와 연락을 하고 싶지 않아서 관계를 끊었다. 시간이 지나 지금 생각해보니 나의 행동은 잘못됐다는 것을 알게 되었다. 감정표현을 하지 않은 채 입을 꾹 닫아버렸다. 솔직하게 얘기해볼 생각만 했다면 더 좋은 결과가 있었을 거 같다.

뒤늦게라도 이 상황을 바로 잡아야겠다는 생각을 했다. 최근 대학교 친구가 "화해는 빠르면 빠를수록 좋다."는 말에 용기를 내 C라는 친구에게 연락을 했다. 이번 주 일요일에 만나기로 했는데 어떤 결과가 나올지는 모르겠다. 다만, 확실한 건 '내가 변하려고 노력'했다는 사실이다. 나의 감정을 성숙하게 전달하고 상대를 이해해보기로 했다.

뭐든지 척척 해내는 어른은 아니지만 제자리에 머물지 않고 나아가는 사람도 어른이 아닐까 싶다. 내 감정을 표현할 줄 아는 '어른'이 되기를 소망한다.

나의 소망은 안전한 나라 만들기

이종수 (서울)

　'모세의 기적'은 성경 출애굽기 14장에 나오는 내용으로 이스라엘 민족이 430년 동안 이집트에서 종살이를 하다 탈출해 약속의 땅인 가나안으로 가는 도중 가로막고 있던 홍해가 갈라지면서 기적적으로 바다를 건넌 사건을 말한다. 뒤를 쫓아오는 애굽 군사들을 피해야 하지만 앞은 깊고 넓은 바다가 기다리고 있었다. 그러나 창조주는 민족의 지도자 모세를 사용하여 홍해를 가르고 수많은 이스라엘 백성들을 구했다.

　노예로 사는 이스라엘민족이 이집트민족에게 학대받는 모습을 보고 모세는 형 아론과 함께 이집트

왕에게 이스라엘인의 해방을 요구한다. 이집트왕은 이스라엘인들을 박해하여 노역으로 혹사시키고, 남자아이까지 모두 죽이도록 명령하지만, 왕은 결국 굴복하여 이스라엘인들이 이집트에서 나가는 것을 허가했으나 마음이 바뀌어 전차와 기병을 동원해 그들을 추격한다.

당시 애굽이 자랑하는 특수 병거 육백대로 이루어진 대규모 부대였지만, 바닷가까지 추격당한 이스라엘인 앞에서 바다가 좌우로 갈라져 길을 열어주었기 때문에 이스라엘인들이 도망칠 수 있었다. 그러나 추격해 온 이집트군은 본래대로 합쳐진 바다에서 몰살당한다.

이 장면은 영화배우 '찰톤헤스톤'이 주연한 〈십계〉에 등장하는 영화의 하이라이트다. 이처럼 많은 인파나 큰 무리가 갈라져서 길이 생기는 것을 '모세의 기적'이라고 말한다.

흔히 '모세의 기적'이라 하면, 우리나라 진도군에 있는 바닷길이 제일 유명하다. 워낙 잘 알려진 '신비의 바닷길 축제'. 저도 십 년 전, 축제에 참가하여 눈앞에서 펼쳐지는 놀라운 광경을 목격한 기억이 아직도 새롭다. 1975년 당시 주한 프랑스 대사가 진도에 여행을 왔다가 마침 이 광경을 보고 '모세의 기적'이라며 크게 감탄하여 널리 알려 졌다. 이제 진도는 과

거의 아픈 상처에서 벗어나 새롭게 탈바꿈하길 바란다. '대한민국의 보물인 진도'는 빛나는 보석으로 우리 국민모두가 만들어야 한다.

물론 청해진해운 세월호 침몰 사고로 불명예스런 원성을 듣기도 하였지만 안전 불감증이란 중증을 치료하였던 전화위복의 계기가 되었다.

최근에는 도로에서도 '모세의 기적'으로 응급 환자가 병원에도 못 가 본채 사망하는 일이 많이 줄었고. 특히 소방차, 구급차 등의 긴급자동차가 신속하게 빨리 현장이나 병원에 도착할 수 있게 모든 차량이 양 옆으로 최대한 붙어서 가운데 길을 터주는 것에 사용된다. TV방송에서 방영된 프로그램을 통해 긴급 차량에 대한 운전자들의 시민의식과 운동으로 '모세의 기적 프로젝트'가 벌어져 전국으로 확산되는 좋은 본보기가 되었다.

끝으로, 안전업무에 종사하였던 저의 바람은 주변

에서 일어나는 재난을 우리는 너무 빨리 잊어버리는 경향이 있다. 사고는 흔히 일어나지만 '인재냐 천재냐'라는 논쟁하고, 의미 없는 보여 주기식 행정만 펼칠게 아니라, 현장에서 철저하게 대비하고 재발방지하는 자세가 무엇보다도 중요하다고 생각한다. '세월호'의 희생이 결코 헛되지 않도록 안전 시스템을 더욱 강화하여 귀중한 생명과 재산이 피해를 당하는 일이 발생하지 않도록 대비하는 '안전의 모범 국가'가 되길 소망합니다.

기적 그리고 소망

이태희(진천)

 2021년 봄 그리고 가을은 뒤돌아보면 소망하던 일들이 기적처럼 이루어졌던 한 해입니다. 저는 문학을 공부한 것은 아니지만 두서없이 말한다는 말을 많이 들어 취미 삼아서 쓰게 된 글들이 죽마고우 같다는 생각에 빠져, 습관처럼 혼자서 생각하고 퇴고하기 시작했습니다. 무슨 내용을 쓰고 있는 것인지, 내가 가고 있는 길이 맞는지, 수많은 생각들이 나를 만들고 또 침묵 속에서 외치게 했습니다.

 문학이라는 것이 무엇이기에 그렇게 소망하고 기도해도 1년에 한 번의 기회, 지천명의 나이에 시작을 해도 답이 없을 듯했는데, 늘 그렇게 또 한 해가 지나

가고 그렇게 무너지고 자책하고 해후에 잠긴 듯했던 8년, 그 8년 동안 나는 문학의 답을 찾아 길을 걸어 왔던 것 같습니다.

 공장에서 야근을 하고 집으로 돌아오는 길에 문자 하나가 와 있었습니다. '스팸인가 이 시간에 무슨 문자', 하고 아무 생각 없이 주차장에 차를 대고 지나치려는 순간 '시간 날 때 전화 요망입니다.'라는 문자가 다시 왔습니다. 전화를 했습니다. 연배가 되시는 분의 목소리. "네, 제 이름 맞습니다." 나에게 봄을 알리는 당선 소식을 들을 수 있었습니다. 정말 가족들은 깜짝 놀라며 웃었습니다.

 이후 2021년 시작되었던 4개의 상은 기적이었습니다. 여름이 되자 이름만 들어도 아는 윤동주 문학상 작품상. 딸은 "아빠, 정말 대단해." 했죠. 그리고 가을 아산 문학상 동상, 김시민 장군 특별상을 받습니다.

제가 이 모든 것들보다 기적이라 믿고 있는 생각은 임진왜란을 함께하신 충무공 두 분의 상을 받았기에 정말로 기적이다 말하고 싶습니다. 진도의 밤바다를 바라보면서 쓰시던 충무공 분들의 글들이 다시금 생각나는 진도의 땅, 이 곳에서 많은 생각과 소망을 하셨다는 생각이 듭니다. 하면 이루어진다는 뜻도 시대를 품었던 그 분들도 많은 생각을 하셨을 것 같습니다. 현실이 지금 이렇게 기적처럼 이어지고 있다는 것을 말씀 드리고 싶어서 이렇게 몇 자 올렸습니다.

저는 그날의 노고와 고뇌의 시름들이 기적과 소망을 바라는 마음의 길 같습니다. 생각해보면 너무 많이 힘들었습니다. 코로나와 지친 몸으로 문학이라는 보이지 않는 색과 답의 향기가 내 안에서 그림처럼 그려지지 않아 힘들었습니다. 하지만 나의 삶에 습관처럼 익숙해져버린 글들이 또 하나의 무명을 벗어나게 하기에 다시 기적의 바닷가로 가야겠지요.

지금 현실은 유리벽 같은 세상 지치고 힘들어하는 모습들, 보이지 않는 미래를 향해 항해하는 항해사들. 하지만 다시 희망이라는 두 글자를 헤이며 밤을 지나갑니다. 충무공 두 분이 걸어 가셨던 진도의 바다로 새로운 기적을 향해 모세의 기적이 있는 진도로 가보렵니다. 살아가면서 웃고 울고 그리워하고 슬퍼하던 모든 순간들을 감동의 순간으로 이루어지도록 바라며 나의 삶이 다시 살아가는 데 힘과 희망을 주는 진도로 가보려 합니다.

지금도 기적은 나의 삶에 있으니 소망을 찾으러 진도로 떠나가 볼까요? 노란 나비의 눈물이 미소가 서글퍼지지만 기적과 소망이 이루어지는 진도를 찾아갑니다.

그날의 바다를 잊지 않기 위해

장순혁(제천)

날이 풀리면 나는 꼭 바다를 찾는다, 저녁 무렵의 바다를.

제천에서는 볼 수 없는 바다를 찾아 동해든 서해, 남해든 찾아 떠난다.

산으로 둘러싸인 분지인 제천. 그 어디를 바라봐도 산으로 가려져 있다.

저쪽 끝의 산이 제천의 시작. 그쪽 끝의 산이 제천의 끝.

언제인가부터 나도 벽을 만들어 내 마음에 빗장을 걸어 잠갔다.

누구를 만나든, 무엇을 하든 마음 안에 들여놓고 싶지 않았다.

동시에 변화가 무서웠기에 일부러 변하고 싶지 않다는 말을 늘어놓았다. 내 자신에게도.

　그러던 어느 때였나, 문득 바다가 보고 싶어졌다.
　갑작스럽게 든 마음처럼 갑작스럽게 떠났다. 가장 가까운 바다로.
　저녁노을 일렁일 무렵 나는 맥주 한 캔 손에 쥐고 모래사장에 앉았다.
　모래사장에는 짭짤한 바닷바람과 아이들의 웃음소리, 연인들의 걸음이 굴러다녔다.
　나는 아무것도 하지 않고 바다를 바라봤다.
　보이는 것이라고는 수평선, 그뿐. 그러나 나는 그날의 바다를 기억한다.

　솔직히 말하면 두렵고 무서웠다.
　끝이 정해져 있지 않는 바다는 걷고 또 걸어도 끝에 다다를 수 없을 것만 같았다.
　신발과 양말을 벗고 바다에게 다가갔다.
　바다의 끝단과 함께 젖는 맨발을 봤다. 그리고 다

시 한번 바다를 봤다.

나는 바다 앞에 있었고, 바다 속에 있었고, 지금은 바다였다.

문득 생각이 들었다. 내 안의 한계는 누가 정한 거지?

나 스스로인가, 아니면 세상인가? 나였다. 나를 옭아맨 것도.

다시 본래 있던 자리로 돌아가 앉았다.

그렇게 밤새 바다를 보며 생각했다. 나는 뭘 하고 싶은 걸까.

밤은 유난스레 조용했고, 그다음 아침은 인자했다.

떠오르는 해를 보며 자그맣게 읊조렸다.

시를 쓰자. 내가 유일하게 좋아하지만 남들 눈치에 감히 좋아한다 말도 못 했던 시를, 쓰자.

내가 질릴 때까지. 내가 쓰고 싶은 시를 쓰고, 또 쓰자.

그해 말, 나는 시인으로 등단을 했다.

시집을 내고, SNS에 시를 올리고, 다른 장르의 글도 쓰기 시작했다.

각종 공모전에서 상들을 받고, 전시도 했다. 인터뷰도 하고.

지금은 웹소설 정식 연재를 위한 미팅도 하고 있다.

강사 제의도 들어와서 수업표를 짜고 있다.

나는 아직 제천에 산다. 제천에서 글을 쓰면서, 산다. 종종 바다를 보러 가기도 한다.

내가 바다를 보러 가는 이유는 단순하다.

그날을 잊고 싶지 않아서다.

그날의 바다를, 그날의 바닷물을, 그날의 나를 잊고 싶지 않아서다.

부모님 별세 선물,
진도 신비의 바닷길 체험

정영진(서울)

　진도에서 태어나 10대 후반까지 진도에서 보내고 타향살이 50년이 꽉 차가는 나이다. 환갑을 훌쩍 넘기면서도 마음은 늘 찾아가있었고 기회 될 때마다 수없이 많은 사람들에게 자랑하면서도 단 한 번도 가보지 못했던 '진도 신비의 바닷길'이 열리는 날 아름다움을 만끽하는 것이 나의 한평생 소망 중 하나였다.

　2019년부터 부모님 병환 간호를 위해 약 2년 동안 진도에 머물면서 2020년 4월 9일 '진도 신비의 바닷길'의 아름다움을 만끽하는 소망을 이루었다. 2020년 3월 18일 아버님 92세, 8월 14일 어머님

90세, 두 분이 별세하시면서 아들에게 주신 마지막 선물이었다.

나의 소망이 이루어진 이때는 코로나 팬데믹으로 40회 넘게 해마다 열렸던 '진도 신비의 바닷길 축제'가 취소되고 현장 접근을 통제하여 을씨년스러울 정도이었다. 여느 해와 같이 이날을 기념하는 진도 신비의 바닷길 축제가 열렸다면 방방곡곡에서 찾아온 수많은 인파에 휩싸여 신비의 바닷길에 접근하기도 어려웠을 것이다.

부모님은 병환을 돌보는 환갑 지난 아들이 안쓰러워보였는지 차분하게 여유를 가지고 체험하라고 좋은 기회를 만들어 주셨다 생각한다. 이후 진도 신비의 바닷길 축제 기간이오면 부모님의 자식 사랑 고마움과 함께 애달픔이 더욱더 가슴을 메운다.

소망(所望)은 어떤 일을 바람 또는 그 바라는 것으로 단순한 기대나 갈망이 아니라 믿음과 신뢰를 가지고 바라야만 이루어진다. 환갑을 넘겨 이룬 '진도 신비의 바닷길'의 아름다움을 만끽하는 소망은 부모님에 대한 불효자식의 간절한 반성 염원모습이 전달되어 이루어졌다 믿는다. 코로나 팬데믹 이후 처음 열리는 2023년 진도 신비의 바닷길 축제에 부모님께 감사하는 마음을 담고 환갑을 지나 이룬 소망의 기쁨을 서울에서 승용차로 6시간 가까이 달려 다시 한 번 누리고 싶다.

현대판 모세의 기적이라 불리며 2000년 3월 14일 명승지로 지정된 '진도 신비의 바닷길'은 진도군 고군면 회동리와 의신면 모도리 사이 약 2.8km 바다가 달과 태양의 인력(引力)·해안지형·해류 등으로 바다가 가장 크게 열리는 음력 3월 그믐(한 달의 마지막 날)과 보름사리(한 달 중 유속이 가장 세고 빠른 사리)에 모래언덕 바닷길이 드러나 마치 바다가 갈라지는 것처럼 보이는 자연현상이다. 약 10~40m 폭 너비의 길이 좌우에 출렁이는 파도를 두고 바다 한가운데 만들어지는 신비로운 감동을 선물하며,

1975년 피에르 랑디 주한 프랑스대사가 진도관광을 왔다 목격하고 프랑스신문에 한국판 모세의 기적이라 소개하여 세계적인 화제가 되었다.

바다, 꿈, 그리고 희망

정재훈(수원)

옛날 옛적에 '지훈'이라는 젊은 남성이 있었습니다. 그는 세계를 탐험하고 여행자들과 경험을 공유하는 것을 좋아하는 열정적인 여행 블로거였습니다. 지훈은 항상 바다와 그 신비에 매료되었습니다.

어느 날 열대 섬의 외딴 해변을 탐험하던 중 릴리는 모래 속에 묻힌 오래된 병을 우연히 발견했습니다. 그가 그것을 집어 들었을 때 그는 그 안에 종이 한 장이 있다는 것을 알아차렸습니다. 궁금해서 그는 병의 마개를 따고 조심스럽게 종이를 꺼냈습니다. 놀랍게도 그것은 손으로 쓴 편지였습니다. 그 편지는 병을 발견한 사람에게 보내졌으며 희망과 믿음

의 메시지가 담겨 있었습니다. 내용은 다음과 같습니다.

"이 병을 찾은 사람이여, 당신이 찾는 기적의 축복을 받기를 바랍니다. 당신은 꿈의 힘을 믿고 무엇을 포기하지 마십시오."

지훈은 그 메시지에 감동을 받았고 편지를 쓴 사

람과의 유대감을 느꼈습니다. 그는 편지를 쓴 사람이 누구이며 찾고 있던 기적이 무엇인지 궁금했습니다. 그는 희망과 믿음의 힘을 상기시키기 위해 편지를 보관하기로 결정했습니다.

다음 며칠 동안 지훈은 섬을 탐험하고 자연의 아름다움을 감상했습니다. 수정처럼 맑은 바다에서 수영을 하고, 울창한 숲을 하이킹하고, 섬의 가장 높은 곳에서 일몰을 감상했습니다. 하지만 그 모든 아름다움 속에서 그는 무언가 빠진 듯한 느낌을 떨칠 수 없었다.

어느 날 저녁 해변에 앉아 파도가 해안에 부딪치는 것을 지켜보면서 지훈은 그것이 무엇인지 깨달았습니다. 그는 목적의식, 모든 여행과 모험의 이유를 찾고 있었습니다. 그는 세상을 변화시키고 다른 사람들을 돕고 긍정적인 영향을 미치고 싶었습니다.

새로운 결심으로 지훈은 자신의 블로그를 다른 사

람들에게 영감을 주고 힘을 실어주는 플랫폼으로 사용하기로 결정했습니다. 그는 의미 있는 삶을 사는 것, 꿈을 좇는 것, 세상을 변화시키는 것의 중요성에 대해 글을 쓰기 시작했습니다. 그는 여행 중에 지역 사회에 긍정적인 영향을 미치고 있는 사람들의 이야기를 나누었습니다.

글을 쓰면서 지훈은 성취감과 목적의식을 느꼈습니다. 그는 여행에 대한 그의 열정을 사용하여 다른 사람들이 최고의 삶을 살도록 영감을 주는 것이 자신이 해야 할 일이라는 것을 알고 있었습니다. 그리고 그의 블로그가 인기를 끌면서 그는 그의 말에 감동을 받고 자신의 삶을 변화시키려는 영감을 받은 전 세계 사람들로부터 메시지를 받았습니다.

지훈은 자신이 찾고 있던 기적이 병이나 섬에서 찾을 수 있는 것이 아님을 깨달았습니다. 변화를 만들고 다른 사람들에게 영감을 주는 힘은 항상 그 자신 안에 있었습니다. 그리고 그는 자신의 꿈을 계속 따르고 희망과 사랑을 퍼뜨리는 한 모든 것이 가능하다는 것을 알고 있었습니다.

가방을 싸고 섬을 떠날 준비를 하면서 지훈은 마지막으로 바다를 바라보았습니다. 그는 자신이 항상 바다, 바다가 지닌 무한한 가능성, 바다가 가져다주는 희망과 연결되어 있다는 것을 알고 있었습니다. 그리고 그는 희망과 믿음의 힘을 일깨워주고 세상을 변화시킬 수 있도록 영감을 준 편지 작성자에게 속삭이듯 감사를 표했습니다.

소망

정희원(서울)

'드르륵 드르르륵…'

휴대폰 알림소리에 나는 습관적으로 손을 뻗어 움직임을 잠재웠다. 기계적인 움직임으로 몸을 일으켜 욕실로 들어가 찬물로 세수를 하며 남아있는 잠기운을 씻어내고, 수건으로 물기를 닦고 무심결에 마주한 거울 속의 모습이 오늘 따라 낯설다. 퉁퉁 부어오른 눈두덩이. 아. 왜 이렇게 머리가 무거운지 이제야 깨닫게 된다. 지난 밤, 이불을 뒤집어쓴 채 소리 죽여 토해냈던 울음은 뒤죽박죽이던 머릿속으로 그대로 잠겨 무게감을 더하고, 눈물로 범벅이던 눈가에 머물러 흔적을 남겨놓은 것이다. 맨정신으로, 파이팅 넘치는 기운으로 시작해도 버거운 하루를, 이렇게 무겁게 달려야 한다는 사실에 기운이 빠진다.

 솔직히 말하면 고시 준비 5년 차면 어느 정도는 내력이 생겨야 하는데 나는 오히려 그나마 갖고 있던 내력을 잃어 점점 작아지는 자신을 발견하게 된다. 그래서 내색하지 않고 지내는데, 어제는 느닷없이 도윤이가 찾아왔다. 정말 느닷없이. 연락도 없이.
 "언니. 한 달 동안 이탈리아에 갔다가 어제 왔어요. 마리아 교수님도 만나고 왔어요. 교수님이 언니 물어보더라고, 언제가 됐든 꼭 한 번 찾아오라고. 참, 언니한테 선물도 챙겨 주셨어요."
 나보다 어리지만 먼저 직장인으로 자리잡은 도윤이의 웃음에 반가움이 앞섰다. 하지만 여행의 즐거움이 채 가시지 않은 도윤이의 목소리에 잠재워왔던 이탈리아의 설렘이 부푼 풍선처럼 뭉싯 떠올랐다. 도윤이가 돌아간 후, 나는 주체할 수 없는 부러움에, 뒤죽박죽인 세상의 원망으로, 다시 또 자신의 탓으로 밤새 이불을 뒤집어 쓴 채 울음 범벅이 되어버렸다. 그런 나와는 상관없이 야멸차게 찾아온 아침을

나는 무방비로 맞이하고 있는 것이다.

'드르륵, 드르르륵…'

5시 30분, 이제 고시원을 나설 시간이라 알리는 휴대폰도 야속해 무지막지하게 손에 쥔다. 그리고 화면으로 마주하게 된 이탈리아. 나에게는 작은 수첩이 하나 있다. 그 속에는 신림동에 들어와 생활하면서 외무고시에 합격하면 하고 싶은 것들을 적어놓았다. 예쁘게 화장하기, 하늘거리는 원피스 입기, 하이힐 신기, 펌 하기, 하루 종일 영화보기, 하루 종일 서점에서 책 읽기…. 빼곡하게 쓰인 것들 중 가장 빈번하게 눈에 띄는 것은 바로 '이탈리아에서 일 년 살기'로 나의 버킷리스트 1순위이다.

대학 재학 중 부전공으로 이탈리아어를 배웠고 당시 수업을 가르쳐주시던 이탈리아에서 온 파란 눈의 마리아 교수님을 통해 만났던 이탈리아는 꼭 가보고 싶은 나라가 되었다. 센 발음으로, 독특한 억양으로, 이탈리아는 배움을 넘어 실생활에 적용할 수 있는,

그래서 언젠가는 나의 미래에 꼭 필요하리라는 결론을 짓게 되었다. 덕분에 이탈리아어 수업시간이면 맨 앞줄에 앉아 교수님의 눈빛을 좇고 고등학생처럼 필기도 잘하고 학점도 늘 A플러스를 도맡다보니 마리아 교수님의 눈에 들어 툭 하면 교수님 방에서 시간을 보내는 어여쁜 제자가 되었다. 3학년 때 교환학생으로 선발되어 일 년 동안 깊이 있는 실생활과 함께할 수 있는 기회가 있었는데 나는 대신 외무고시를 선택했다. 이탈리아는 언제든지 갈 수 있지만 외무고시는 지금부터 시작해야 한다는 남다른 신념으로. 그 후로 5년이라는 시간이 흐르고 이십대를 오롯이 책상 앞에 앉아 보내면서도 혹시나 이탈리아어를 잊어버리지는 않을까 하는 염려로 휴식을 취할 때면 이탈리아어를 입으로 되내이곤 한다.

 외무고시에 합격하면 나는 당장 이탈리아로 떠날 것이다. 수없이 짚어보고 손으로 따라 걸었던 길을 두 발로 직접 걸으며 마음으로 미뤄왔던 설렘을 마음껏 누릴 것이다. 그리고 마주하는 사람들과 거리

낌 없이 그동안 수없이 되내었던 말 주머니를 풀어 서툰 이탈리아어로 대화를 나눌 것이다. 그리고 지금은 고향의 잡지사에서 일하며 또 다른 삶을 살고 있는 마리아 교수님을 만나 반가움을 나눌 것이다.

아, 생각만 해도 자꾸 웃음이 나온다. 하이톤으로 내 이름을 부르며 맞이해줄 마리아 교수님의 웃음으로. 나의 버킷리스트를 실현하는 뿌듯한 즐거움으로. 가슴 저 밑으로부터 무언가 꿈틀거리는 게 느껴졌다. 나는 널브러진 마음을 추스르고 가방을 메고 문을 나섰다.

'딸깍'

문 잠기는 소리는 잠자고 있던 복도의 기운을 깨우고 망설이던 내 발걸음에 힘을 실어주었다. 새삼 깨닫게 된다. 내가 바라는 미래는 스스로 내가 미래가 되어야 한다는 것을, 발걸음을 내딛는다. 자신감으로 충만한 서른다섯의 발걸음으로.

작지만 강렬했던 추억들

조하민(대전)

 올 겨울이 다 지나가기 전 추운 어느 날이었습니다. 아침에 피곤해 무거운 몸을 겨우 깨우고 일어나 보니 가족들은 이미 준비를 다 하고 있었습니다. 비몽사몽이었던 그때 엄마 생일이라는 사실을 누나가 알려주었습니다.

 생일을 맞아 특별한 계획을 세웠습니다. 그것은 바로 영화를 보러가는 것이었습니다. 사실, 영화는 오래전부터 가족들과 함께 보러가고 싶었지만, 여건과 상황이 안 되어서 아쉬움이 많았습니다. 다들 바쁘다보니 이렇게 모처럼만에 시간을 내어 같이 갈 수 있었습니다.

　신세계 메가박스로 향했습니다. 생각보다 사람이 많아서 주차하는 데 어려움이 있었지만 서로 이야기를 맞춰가면서 이 또한 추억이 되었습니다. 본관에서는 과거 경험을 되살리면서 티켓을 무인기계에서 발권했습니다. 입구에서 직원분들이 친절하게 안내해주셨고 내부 분위기가 매우 마음에 들었습니다. 조금 늦어 이미 시작하고 있었지만 그럼에도 불구하고 재밌어서 몰입해서 볼 수 있었습니다.

정말 영화 선택이 탁월했다고 다시 한번 느끼며 끝까지 집중했습니다. 장화 신은 고양이를 중심으로 펼쳐지는 모험들은 흥미 그 자체였습니다. 친구와의 관계, 내면의 감정들 그리고 성장하는 스토리들이 너무 기억에 남았습니다. 좋은 사람들과 함께하니 더 인상적이었다고 생각하며 나올 때도 각자의 소감을 나눴습니다. 집으로 향하는 길에 근처 보쌈집에서 오순도순 서로의 일상을 공유하며 식사시간을 보냈고, 회사에서 지원받은 케이크와 함께했습니다.

특별히 이번에 저는 추천받은 화장품과 함께 손편지를 썼습니다. 정성에 감동한 어머님을 보니 뿌듯했습니다. 이렇게 하루를 보내고 나니 뭔가 상상으로만 했던 꿈같은 일이 일어난 것 같습니다.

작지만 큰 바람 중 하나가 가족과의 잊지 못할 추억이었습니다. 오늘 그 소원을 성취하게 되었습니다. 이렇게 일상 속에서의 행복들이 즐거움을 더해주었습니다. 앞으로도 주변 사람들을 소중하게 생각하려 합니다.

일상의 소중함

현정현(영천)

평범한 일상의 시작이 이렇게나 반가운 것이라는 걸 알게 되었어.

3년에 가까운 시간을 우리 모두 힘겹게 살아갔지.

평범한 일상은 마스크 속으로 사라져버렸지.

사람들 모습도 그 속으로 사라졌어.

모두 금방이면 끝날 것으로 생각했지만 너무 오랜 시간이 걸렸다.

세상은 고요해지고, 사람들의 희로애락은 어느 순간 없어지고, 도시에는 무서운 고요함이 덮이고, 희망이란 단어는 사라지고, 참고 견디며 하루하루 살아야했으니, 일상과 더불어 우리 곁에 있던 사랑하는 것을 떠나보낸 이별도 함께 왔어.

 시간이 지나면 잊힌다고 망각한다고 희미해진다고 생각했는데 시간이 지나면 지날수록 더 많이 그리워지고 보고 싶고 뚜렷해진다는 것을, 나는 하늘을 보면서 사진으로 남은 우리의 추억을 말한다. 부디 그곳에는 아픔이 없고 행복만 있기를.

 어느 순간 우리에게 다시 일상이란 선물이 다가왔어.
 아이들은 웃으며 서로의 얼굴도 보고, 다양한 말소리가 울려 퍼지고, 겨울이 지나고 따스한 봄이 왔어.
 우리 집에도 봄의 따스함이 오고 있어.
 살얼음 같았던 가게는 사람들이 오면서 온기가 조금씩 피어나고, 학교는 마스크를 벗고 친구들과 웃으며 인사를 하고, 마트로 식당으로 영화관으로 세상의 발걸음을 넓어진다.

 아직은 완벽한 일상의 복귀는 아니지만 이제 조금만 지나면 다시 보고 싶은 우리의 일상이 다가온다.

그리고 우리 곁을 떠난 사랑은 언제나 존재하는 느낌을 받았다. 눈물이 나고 보고 싶고 그립고 생각이 나면 그냥 그대로 두면 될 것이다. 보고 싶으면 사진을 보고 영상을 보고 추억하고 기억하면 되는 것이라는 것을 말이다.

이제 너의 무덤가에도 세 번의 겨울이 지나고 따

스한 봄이 오고 있다는 것을 너도 알고 있을 것이다. 이제는 마음을 편안하게 먹고 너를 기억할 생각이다. 소망이라는 주제에 대해 나는 많은 생각을 했어. 가족이 행복한 것, 학교 성적이 많이 오르는 것, 부자가 되는 것, 좋은 직장에 들어가는 것, 이런 나의 소망을 생각하다가 문득 그런 생각이 났어. 그냥 평범한 하루가 오늘도 내일도 오는 것을. 나는 점점 나이를 먹어가는데 너는 그대로 그때의 시간에 사는 것을 보고 나는 이 평범한 하루가 반복되면서 점점 흘러가는 나의 모습을 너도 지켜보는 것이 행복이고 소망이라고 생각이 들었어.

우리의 평범한 일상이 사진이 아니라 귀로 듣고 눈으로 보고 입으로 맛보고 손과 발로 느끼고 살아가는 일상을 말이야. 따사로운 햇살이 나에게도 너에게도 그리고 우리 모두에게 오기를 평범한 햇살이 오는 일상이 반복되기를.

진도개테마파크 소망바위

이종호(진도)

지난 2016년 여름, 진도개테마파크에 근무하던 시절이다. 일년 내내 사육장에서 지내는 진돗개들이 숲속에서 마음껏 뛰어 놀았으면 하는 바람으로 야산의 잡초를 베어내고 방사장을 만드는 작업을 하고 있었다. 방사장내 이마만 보이는 바위 주변에 잡목들을 베어냈더니 제법 늠름하게 생긴 '마징가Z' 얼굴형상이 나를 쳐다보고 있었다. 어렸을 때 마을 앞산 남대문산 큰바위 얼굴처럼 보였다. 그냥 바위로 놔두기에는 왠지 서운해서 세수도 시켜주고 이름도 지어 불러주고 싶었다. 그래서 당시 로또 1등 소망바위(현 소망바위)라고 명명해 커다란 이름표를 붙여주었다.

그런 후 진도 로또 판매점에서 복권을 사가지고 바위한테 찾아가 "바위야! 바위야! 나한테 1등 당첨되게 해줄래?"라고 말했다. 그랬더니 난생 처음으로 4등, 5만 원이 당첨됐다. 이제 두 자리만 더 맞히면 1등도 될 수 있겠다 싶었다. 당첨금 5만 원으로 복권 10장을 더 샀다. 역시나 4등이다. 에이, 본전치기네.

"소망바위야 나한테 1등 주지 말고 그냥 진도 로또판 매점에서 1등만 당첨되게 해줄래?"라고 소원을 빌었다. 그랬더니 몇 달 후 전국 4곳에서만 나오던 1등이 진도에서도 나와 41억(제729회)이 당첨됐다. 너무너무 신기했다. 그 후 2018년 27억(제798회), 2020년 24억(제906회) 등 2년 주기로 로또 1등이 세 번이나 나왔다. 진도개테마파크 소망바위는 재복을 주는 바위인 듯하다. 오늘도 누군가는 돈 벼락을 맞으려고 소망바위 앞에서 두 손 모아 빌고 있다.

장애인 부부의 기도와 소망

김미정(목포)

현대의학으로서는 완치가 불가능한 희귀난치성의 질환(진행성 근이영양증)으로 투병중인 중증장애인 남편의 손을 잡고서 뒤뚱거리며 한걸음에 달려간 진도의 바닷길. 이미 알려진 소문대로 모세의 기적처럼 바닷길이 열리자마자 사람들이 꼬리에 꼬리를 물고서 건너편 섬으로 자유롭게 건너갔지만, 먼발치서 부러운 시선으로 구경밖에 할 수 없는 우리 부부의 슬픈 현실에 가슴이 아팠다.

남편을 업고서라도 바닷길을 건너보고 싶은 마음이 굴뚝같았지만 나 자신도 어릴 적 불의의 교통사고로 한쪽 다리를 절단한 장애를 입었기에 눈물을

머금고 포기해야만 했었다.

    그래도 나는 간절히 기도하고 소망했다. 비록 거의 불가능에 가까운 희박한 확률이지만 평생을 두고서 장애를 가진 채 살아가는 우리 부부에게도 모세의 기적처럼 그 언젠가는 저 긴 행렬들 속에 뒤섞여서 서로 손 맞잡고 성큼성큼 노래 부르며 건너갈 수 있는 날이 있게 해 달라고….

소망

마준오(원주)

고향에 계신 부모님이 연세가 많으셔서 식구들과 진도로 힐링 여행을 다녀왔습니다. 아버지는 디스크가 심해 허리가 굽으셨고 어머니는 녹내장으로 한쪽 눈이 실명되셨습니다. 바닷길 기적을 희망을 품고 온 가족이 함께한 여행, 손녀와 함께여서인지 이 여행 이후로 많이 건강해지셨습니다.

막내 불효자식, 두 분 건강하시길 소망합니다.

두 손 잡고

전병태(대구)

장애가 있는 저의 큰딸이 지금의 아픔을 이겨내기 위해 수년간 자원봉사활동을 하며 이웃, 사회의 소중함을 배워가고 있습니다. 이 사진은 첫 자원봉사활동 당시 한 어르신께서 감사한 마음에 저의 아이의 손을 잡고, 행복해 하시는 모습입니다. 아픔이 있는 자녀지만 이렇게 우리 이웃, 사회 그리고 어르신들에 대한 공경과 사랑을 만들어 가는 소중한 시간을 함께하는 사진입니다.

저마다의 소원을 담아

권소희(부산)

하회마을의 중심이 되는 노거수는 흔히 삼신당(三神堂) 신목, 혹은 삼신당 당산나무로 부르는 느티나무다. 이 느티나무는 600년이 넘은 나무로 풍산 류씨(豊山柳氏) 류종혜(柳宗惠) 공이 이 마을에 터를 잡을 때 심었다고 전해진다.

하회리 삼신당 느티나무는 하회마을 중심에 서서 마을을 지켜주는 수호목이 되었다. 이 나무는 삼신당 신목으로도 불린다. 삼신할머니는 아기를 점지해 주고 출산과 성장을 돕는 우리 전통의 신을 말한다.

하회마을에서는 아기를 점지할 뿐만 아니라, 탄생과 성장의 모든 과정을 관장하는 삼신할머니 신목에게 마을의 안녕을 기원한다. 삼신당 신목은 소원을

잘 들어주는 것으로 유명하다.

나무 주변에 설치된 울타리에는 관광객들이 저마다의 소원을 적은 '소원지(所願紙)'가 빼곡하게 꽂혀 있다.

아이의 행복을 기원하며

김근혁(부산)

　어린 아이가 절 마당에 설치된 불상의 볼을 어루만지는 장면이다.
　아직 찬 기운이 채 가시지 않은 차가운 날씨, 차가운 불상에게 따뜻한 기운을 불어넣어 주는 듯한 아이의 손길에 사랑과 애정이 묻어 있는 것 같아, 곁에서 보는 것만으로도 흐뭇한 미소를 짓게 하는 순간이다.

한 해 마을의 평안을 기원하며

김용규(양평)

해마다 봄이 오기 전 마을 회관 마당에 대형 장작불을 피우고 이루어지는 전남 장흥별신굿 축제 마당의 풍경. 활활 타오르는 불꽃과 바람에 휘날리는 불씨에 모든 안 좋은 것들은 다 태우고 날려 보내는 마을의 화합의 장이기도 한 풍경이다.

어머니의 간절한 기도

김정애(부산)

오후로 접어들며 햇살이 금동 불상에 비추이면서, 불상이 황금빛으로 빛나는 순간이 마치 어머니의 간절한 기도에 대한 화답이라도 하는 듯한 느낌으로 다가온다.

몽환 속으로의 여행

박준우(울산)

 해마다 부처님 오신 날을 전후에 펼쳐지는 형산강 연등축제장의 밤. 수많은 사람들의 소망이 담긴 연등이 별빛이 되어 밤하늘을 수놓는 풍경이 마치 몽환적인 느낌이다.

대보름날의 농가 풍경

박창현(부산)

우리나라 농촌이면 어디를 가나 만날 수 있는 정월대보름날의 풍경으로 본격적인 행사가 시작되기 전의 길놀이 행사. 마을의 사물놀이 패가 산처럼 높이 쌓아둔 볏 집 주변을 한 바퀴 돌며 마을 주민의 무사안일과 한 해의 풍년을 기원하는 우리나라만의 전통놀이의 현장.

진도 봄동 밭에서

이치봉(광주)

　최근에 있었던 일이다. 진도에서 일을 보고 광주로 돌아오는 길인데, 부쩍 따뜻해진 기온 탓인지 나른해지면서 춘곤증이 밀려왔다. 마침 도로변에 공원이 있기에 차를 세우고 내렸다. 산 아래 저수지가 운치가 있어 보여 그쪽으로 걸어가 보았다. 그런데 뜻밖에 저수지 위 언덕에 봄동 밭이 있었다. 다른 곳에선 볼 수 없는 '진도 봄동' 밭이 아닌가. 지난 겨울을 이겨내고 여전히 풋풋한 봄동을 보고 있으니 내 몸에서 생기가 돎이 느껴졌다. 이내 차로 돌아와 카메라를 꺼내들었다. 봄동 밭 풍경이 저수지 맑은 물과 어울려 아름답기 그지없었다.

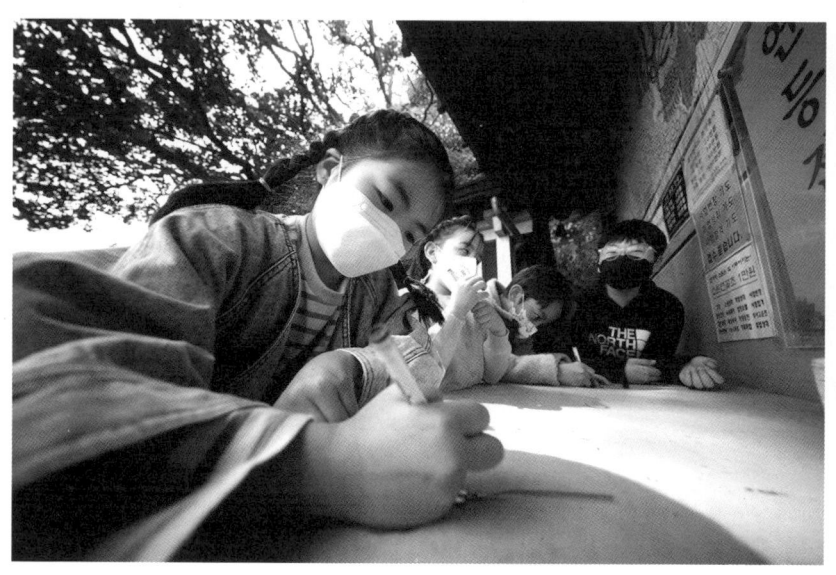

소원지에 소망을 담으며

장광재(부산)

 여러 명의 어린 아이들이 절을 찾아 소원지에 소망을 담는 장면이다. 이 아이들은 어떤 소원을 빌었을까? 사뭇 그 내용이 궁금해지게 하는 진지한 표정들.

김광석 거리의 풍경

전온경(대구)

대구에 있는 비운의 가수 김광석 거리의 풍경. 하트 모양의 설치물에 주렁주렁 매달린 수많은 연인들의 사랑의 언약들. 그 언약들이 모두 이루어지고 이루어졌기를 바라본다.

언약

차선자(용인)

청계천 크리스마스트리 앞에서 결혼의 소망을 이루기 위해 언약식을 하고 있는 장면을 촬영한 작품이다. 비록 사람의 모습이 실루엣으로 처리되어 그 표정은 볼 수 없지만 두 사람의 진실된 마음은 다 보이는 듯하다. 특히, 크리스마스트리 앞에서의 언약이라 성스러워 보이고 언약이 꼭 이루어질 것만 같다.

넋의 참배와 소망

최태희(하남)

현충원에서 선열의 얼을 되살리며 나라를 위해 헌신한 넋을 참배하고 있는 장면을 촬영한 작품이다. 돌아가신 넋의 소망을 알기에 그것을 기원하는 마음으로 선열들의 얼을 기리며 우리는 그것에 대한 감사의 마음으로 바람을 지키며 살아내는 것이다.

심사의 글

 도서출판 북산이 주최하고 진도군이 후원하는 「제1회 진도바닷길소망 포토에세이 전국 공모전」은 바닷길 축제를 앞두고 1달 동안 짧게 진행한 공모전이었습니다. 에세이와 사진을 응모 조건으로 하고 있어 참가가 쉽지 않음에도 많은 분들이 관심을 보여주었고, 응모한 글도 감동적인 글이 많았습니다. 참가자 또한 10대에서부터 70대까지 있어, '소망과 기적'을 주제로 한 공모전의 취지가 전 세대를 아우르는 공감을 얻은 것이 아닐까 합니다.

 심사에서는 여러 심사위원이 함께 주제에 견주어 응모작을 주의 깊게 살펴보았습니다. 1차에서는 주제가 맞지 않거나 응모 요강에서 벗어난 글을 제외했습니다.

2차에서는 경험에 근거한 감동적인 이야기가 있는 글을 우선하여 보았습니다. 공모전의 취지가 사람들의 행복을 응원하기 위함이므로, 자신의 경험 속에서 진정성 있는 삶의 발견, 지혜, 용기가 잘 느껴지는 글을 골랐고, 이 중에서 최종 9편을 선정했습니다.

3차에서는 최종 9편 중 누구라도 호감을 느낄 수 있는 글이면서 진도군을 빛내고 관광 콘텐츠로도 활용될 수 있는 글에 더 높은 점수를 주었습니다.

대상작은 이민영 씨의 '진도개 백동이'에 관한 글입니다. 진도에서 나고 자란 강아지 백동이가 여수로 입양된 뒤 가족들에게 기적과 소망의 상징이 되었고, 18년간 함께하던 백동이가 세상을 떠난 뒤에도 누군가의 소망을 이루어 줄 것이라는 바람을 담고 있습니다.

이 글은 진도개 백동이를 품고 안고 있는 듯 따뜻하게 마음을 울리는 이야기가 무척이나 매력적이었습니다. 가족들의 곁에서 장승처럼 소망을 지키는 수호신이 되었던 '진도개 백동이'의 이야기가 많은 사람들에게 위로와 큰 힘이 되기를 바랍니다.

심사를 마치며, 삶의 무게 속에서도 흔들리지 않았던 모두에게 박수와 응원의 마음을 보냅니다. 꺾이지 않는 용기와 희망으로 다가왔던 글들은 많은 이들에게 오늘을 살아가는 힘이 되어줄 것입니다. 내 안에서 가장 반짝였던 이야기를 보내주신 모든 응모자분들께 감사드립니다. 좋은 글이 응모될 수 있도록 후원해주신 진도군에게도 깊은 감사를 드립니다.

도서출판 북산 편집부

여가 진도여1

1판 1쇄 인쇄 2023년 4월 12일
1판 1쇄 발행 2023년 4월 20일

지은이 편집부 엮음
펴낸이 진도군

감수자 이종호 **편집인** 이경희, 김보현 **디자인** ⓒ단팥빵
제작 제이킴 **마케팅** 김창현 **홍보** 김한나
인쇄 (주)금강인쇄

펴낸곳 도서출판 북산
등록 제2013-000122호
주소 06197 서울시 강남구 역삼로 67길 20, 201호
전화 02-2267-7695 **팩스** 02-558-7695
인스타그램 instagram.com/glmachum **이메일** glmachum@hanmail.net
블로그 blog.naver.com/e_booksan **페이스북** facebook.com/booksan25
홈페이지 www.glmachum.co.kr

ISBN 979-11-85769-70-7 03810

ⓒ 2023년 도서출판 북산 Printed in Korea.

이 책은 저작권법에 따라 보호받는 저작물이므로 무단 전재와 복제를 금합니다.
이 책 내용의 전부 또는 일부를 이용하려면 반드시 저작권자와 북산의 동의를 받아야 합니다.
잘못된 책은 구입하신 곳에서 교환해 드립니다. 책값은 뒤표지에 있습니다.

도서출판 북산은 독자 분들의 소중한 원고 투고를 기다리고 있습니다.